White Paper Series Séria bielych kníh

THE SLOVAK LANGUAGE IN THE DIGITAL AGE

SLOVENSKÝ JAZYK V DIGITÁLNOM VEKU

Mária Šimková Jazykovedný ústav Ľ. Štúra SAV
Radovan Garabík Jazykovedný ústav Ľ. Štúra SAV
Katarína Gajdošová Jazykovedný ústav Ľ. Štúra SAV
Michal Laclavík Ústav informatiky SAV
Slavomír Ondrejovič Jazykovedný ústav Ľ. Štúra SAV
Jozef Juhár Technická univerzita v Košiciach
Ján Genči Technická univerzita v Košiciach
Karol Furdík Technická univerzita v Košiciach
Helena Ivoríková Studia Academica Slovaca UK
Jozef Ivanecký European Media Laboratory

Georg Rehm, Hans Uszkoreit
(redakcia, editors)

AF708023

Editors
Georg Rehm
DFKI
Alt-Moabit 91c
Berlin 10559
Germany
e-mail: georg.rehm@dfki.de

Hans Uszkoreit
DFKI
Alt-Moabit 91c
Berlin 10559
Germany
e-mail: hans.uszkoreit@dfki.de

ISSN 2194-1416 ISSN 2194-1424 (electronic)
ISBN 978-3-642-30369-2 ISBN 978-3-642-30370-8 (eBook)
DOI 10.1007/978-3-642-30370-8
Springer Heidelberg New York Dordrecht London

Library of Congress Control Number: 2012940340

© Springer-Verlag Berlin Heidelberg 2012
This work is subject to copyright. All rights are reserved by the Publisher, whether the whole or part of the material is concerned, specifically the rights of translation, reprinting, reuse of illustrations, recitation, broadcasting, reproduction on microfilms or in any other physical way, and transmission or information storage and retrieval, electronic adaptation, computer software, or by similar or dissimilar methodology now known or hereafter developed. Exempted from this legal reservation are brief excerpts in connection with reviews or scholarly analysis or material supplied specifically for the purpose of being entered and executed on a computer system, for exclusive use by the purchaser of the work. Duplication of this publication or parts thereof is permitted only under the provisions of the Copyright Law of the Publisher's location, in its current version, and permission for use must always be obtained from Springer. Permissions for use may be obtained through RightsLink at the Copyright Clearance Center. Violations are liable to prosecution under the respective Copyright Law.
The use of general descriptive names, registered names, trademarks, service marks, etc. in this publication does not imply, even in the absence of a specific statement, that such names are exempt from the relevant protective laws and regulations and therefore free for general use.
While the advice and information in this book are believed to be true and accurate at the date of publication, neither the authors nor the editors nor the publisher can accept any legal responsibility for any errors or omissions that may be made. The publisher makes no warranty, express or implied, with respect to the material contained herein.

Printed on acid-free paper

Springer is part of Springer Science+Business Media (www.springer.com)

PREDHOVOR PREFACE

Táto biela kniha je súčasťou série, ktorá propaguje najnovšie poznatky a potenciál jazykových technológií. Je určená novinárom, politikom, jazykovým spoločnostiam, učiteľom a iným. V európskych krajinách majú jazykové technológie rozličnú úroveň aj využitie. Z toho dôvodu sú aj opatrenia potrebné na ďalšiu podporu výskumu a vývoja jazykových technológií pre každý jazyk odlišné. Požadované opatrenia závisia od mnohých faktorov, akými sú napríklad zložitosť daného jazyka či veľkosť jazykovej komunity.

META-NET, sieť excelentnosti, financovaná z fondov Európskej komisie, vypracovala v tejto sérii bielych kníh (s. 85) analýzu súčasných jazykových zdrojov a technológií. Analýza zahŕňala okrem 23 oficiálnych európskych jazykov aj iné dôležité národné i regionálne jazyky Európy. Výsledky analýzy poukázali na značné nedostatky v technologickej podpore a na medzery vo výskume pre každý jazyk. Podrobnejšia expertná analýza a zhodnotenie momentálnej situácie pomôže maximalizovať efektivitu ďalších výskumov.

Od novembra 2011 META-NET pozostáva z 54 výskumných centier v 33 krajinách Európy (s. 81). META-NET spolupracuje so zainteresovanými stranami z oblasti ekonómie (softvérové spoločnosti, poskytovatelia technológií a používatelia), z oblasti vládnych agentúr, výskumných organizácií, nevládnych organizácií, jazykových spoločenstiev a európskych univerzít. META-NET spoločne s týmito komunitami vytvára jednotnú technologickú víziu a strategický plán výskumu pre multilingválnu Európu 2020.

This white paper is part of a series that promotes knowledge about language technology and its potential. It addresses journalists, politicians, language communities, educators and others. The availability and use of language technology in Europe varies between languages. Consequently, the actions that are required to further support research and development of language technologies also differ. The required actions depend on many factors, such as the complexity of a given language and the size of its community.

META-NET, a Network of Excellence funded by the European Commission, has conducted an analysis of current language resources and technologies in this white paper series (p. 85). The analysis focuses on the 23 official European languages as well as other important national and regional languages in Europe. The results of this analysis suggest that there are tremendous deficits in technology support and significant research gaps for each language. The given detailed expert analysis and assessment of the current situation will help maximise the impact of future research.

As of November 2011, META-NET consists of 54 research centres in 33 European countries (p. 81). META-NET is working with stakeholders from economy (software companies, technology providers and users), government agencies, research organisations, non-governmental organisations, language communities and European universities. Together with these communities, META-NET is creating a common technology vision and strategic research agenda for multilingual Europe 2020.

META-NET – office@meta-net.eu – http://www.meta-net.eu

Autori tohto dokumentu ďakujú autorom Bielej knihy pre nemčinu za povolenie používať vybrané jazykovo nezávislé materiály z ich dokumentu [1].

Táto biela kniha bola financovaná prostredníctvom Siedmeho rámcového programu a Programu podpory politiky v oblasti informačných a komunikačných technológií Európskej komisie na základe dohôd T4ME (Grantová dohoda 249119), CESAR (Grantová dohoda 271022), METANET4U (Grantová dohoda 270893) a META-NORD (Grantová dohoda 270899).

The authors of this document are grateful to the authors of the White Paper on German for permission to re-use selected language-independent materials from their document [1].

The development of this White Paper has been funded by the Seventh Framework Programme and the ICT Policy Support Programme of the European Commission under the contracts T4ME (Grant Agreement 249119), CESAR (Grant Agreement 271022), METANET4U (Grant Agreement 270893) and META-NORD (Grant Agreement 270899).

OBSAH CONTENTS

SLOVENSKÝ JAZYK V DIGITÁLNOM VEKU

1 Zhrnutie 1

2 Ohrozenie našich jazykov: Výzva pre jazykové technológie 3
- 2.1 Jazykové hranice spomaľujú európsku informačnú spoločnosť . . . 4
- 2.2 Naše jazyky v ohrození . . . 4
- 2.3 Jazykové technológie sú kľúčovými technológiami . . . 5
- 2.4 Príležitosti pre jazykové technológie . . . 5
- 2.5 Výzvy pre jazykové technológie . . . 6
- 2.6 Osvojovanie si jazyka . . . 6

3 Slovenčina v európskej informačnej spoločnosti 8
- 3.1 Všeobecné fakty . . . 8
- 3.2 Špecifiká slovenčiny . . . 11
- 3.3 Slovenčina na internete . . . 12
- 3.4 Slovenčina ako cudzí jazyk . . . 13
- 3.5 Slovenský národný korpus . . . 15

4 Jazykové technológie na podporu slovenčiny 17
- 4.1 Architektúra aplikácií . . . 17
- 4.2 Základné aplikačné oblasti . . . 19
- 4.3 Ďalšie aplikačné oblasti . . . 27
- 4.4 Jazykové technológie vo vzdelávaní . . . 29
- 4.5 Štátne programy a iniciatívy . . . 29
- 4.6 Dostupnosť nástrojov a zdrojov . . . 30
- 4.7 Porovnanie jazykov . . . 32
- 4.8 Závery . . . 33

5 O META-NET-e 37

THE SLOVAK LANGUAGE IN THE DIGITAL AGE

1 Executive Summary 39

2 Languages at Risk: a Challenge for Language Technology 41
- 2.1 Language Borders Hold back the European Information Society . . . 42
- 2.2 Our Languages at Risk . . . 42
- 2.3 Language Technology is a Key Enabling Technology . . . 42
- 2.4 Opportunities for Language Technology . . . 43
- 2.5 Challenges Facing Language Technology . . . 44
- 2.6 Language Acquisition in Humans and Machines . . . 44

3 Slovak in the European Information Society 46
- 3.1 General Facts . . . 46
- 3.2 Particularities of the Slovak Language . . . 49
- 3.3 Slovak on the Internet . . . 51
- 3.4 Slovak as a Foreign Language . . . 51
- 3.5 Slovak National Corpus . . . 53

4 Language Technology Support for Slovak 55
- 4.1 Application Architectures . . . 55
- 4.2 Core Application Areas . . . 57
- 4.3 Other Application Areas . . . 65
- 4.4 Language Technology in Education . . . 66
- 4.5 National Projects and Initiatives . . . 67
- 4.6 Availability of Tools and Resources . . . 67
- 4.7 Cross-language Comparison . . . 70
- 4.8 Conclusions . . . 70

5 About META-NET 74

A Zoznam literatúry – References 75

B Členovia META-NET-u – META-NET Members 81

C Séria bielych kníh META-NET-u – The META-NET White Paper Series 85

ZHRNUTIE

Európa sa počas posledných 60 rokov stala významnou politickou a ekonomickou silou, kultúrne a jazykovo je však stále veľmi rôznorodá. To znamená, že od Portugalska po Poľsko a od Talianska po Island je bežná komunikácia medzi občanmi Európy podobne ako komunikácia v oblasti podnikania a politiky neustále komplikovaná kvôli jazykovým bariéram. Európske inštitúcie minú ročne približne miliardu eur na preklady inojazyčných textov a na tlmočenie. Nemuselo by to tak byť, ak by moderné jazykové technológie a lingvistický výskum pomohli prekonať jazykové hranice. Ak vhodne využijeme inteligentné zariadenia a aplikácie, budeme môcť navzájom diskutovať alebo obchodovať a rôznosť jazykov nebude pre nás prekážkou.

Jazykové technológie predstavujú mosty

Jedným zo spôsobov, ako prekonať jazykové bariéry, je naučiť sa niekoľko cudzích jazykov. Zvládnuť 23 oficiálnych jazykov členských štátov EÚ a približne 60 ďalších európskych jazykov je však málo pravdepodobné. Vďaka technologickej podpore už dokážeme viesť politické aj ekonomické rokovania, ako aj napredovať vo výskume. Riešením mnohojazyčnosti je vybudovanie kľúčových technológií, ktoré európskym činiteľom ponúknu obrovské výhody, a to nielen v rámci spoločného európskeho trhu, ale aj pri obchodných vzťahoch s krajinami tretieho sveta, najmä s krajinami rozvíjajúcich sa ekonomík. Aby sme dosiahli tento cieľ a zároveň zachovali kultúrnu a jazykovú rozmanitosť, musíme systematicky analyzovať špecifiká všetkých európskych jazykov, ako aj stav súčasných jazykových technológií. Navrhnuté riešenia budú mostom medzi jazykmi.

Jazykové technológie sú kľúčom do budúcnosti

Rozvoj jazykových technológií pre slovenčinu a počítačového spracovania slovenského jazyka v porovnaní so susednými krajinami značne zaostáva. Napríklad v Českej republike sa výskum spracovania prirodzeného jazyka realizuje od polovice 90. rokov minulého storočia a zároveň tu majú jazykové technológie silnú komerčnú podporu. Za prvý významný krok rozvoja jazykových technológií sa na Slovensku považuje vybudovanie Slovenského národného korpusu na začiatku 21. storočia. Prvé veľké projekty zamerané na jazykové technológie a zdroje na Slovensku boli osobitne schválené a financované vládou. Išlo o projekty *Vybudovanie Národného korpusu slovenského jazyka a elektronizácia jazykovedného výskumu v rokoch 2002 – 2006* a *Komplexné spracovanie slovenského jazyka a jeho elektronizácia na účely jazykovedného výskumu*. Obidva projekty sa realizovali v Jazykovednom ústave Ľudovíta Štúra Slovenskej akadémie vied. Projekt ďalej pokračoval pod názvom *Budovanie Slovenského národného korpusu a elektronizácia jazykovedného výskumu na Slovensku (druhá etapa)* na základe zmluvy o jeho spolufinancovaní medzi Ministerstvom školstva SR, Ministerstvom kultúry SR a SAV. Ďalším významným projektom v spracovaní slovenského jazyka bol projekt *APD – Automatický prepis diktátu pre Ministerstvo spravodlivosti Slovenskej republiky* koordinovaný Oddelením analýzy a syntézy reči Ústavu informatiky Slovenskej akadémie vied v spolupráci s Katedrou elektroniky a multimediálnych komunikácií Technickej univerzity v Košiciach, realizovaný v rokoch 2009–2011. Cieľom bolo vytvoriť systém na prepis hovoreného slovenského jazyka, špeciálne v oblasti súdnictva. Projekt bol financovaný Ministerstvom spravodlivosti SR. V súčasnosti sa systém začína využívať v pilotnej prevádzke na súdoch Slovenskej republiky.

Tieto projekty sú na Slovensku doteraz jedinou významnou iniciatívou v oblasti počítačového spracovania slovenčiny. Ako uvádza naša séria bielych kníh, úroveň výskumu a stavu jazykových technológií je na Slovensku v porovnaní s inými európskymi krajinami oveľa nižšia. Preto je nevyhnutné zvýšiť úroveň jazykových technológií pre slovenčinu.

Dlhodobým cieľom META-NET-u je poskytnúť kvalitné jazykové technológie všetkým jazykom, aby sa napriek kultúrnym rozdielom dosiahla politická a ekonomická jednota. Technologické nástroje pomôžu prekonať existujúce bariéry. Všetky zainteresované strany (z oblasti politiky, vedy, obchodu a pod.) by sa mali snažiť o zjednotenie.

Jazykové technológie pomáhajú zjednotiť Európu

Séria bielych kníh dopĺňa aj ďalšie aktivity META-NET-u (pozri prílohu). Aktuálne informácie, napríklad najnovšie vízie alebo strategický výskumný program META-NET-u, sú dostupné na oficiálnej webovej stránke META-NET-u: http://www.meta-net.eu.

2

OHROZENIE NAŠICH JAZYKOV: VÝZVA PRE JAZYKOVÉ TECHNOLÓGIE

V poslednej dekáde sme svedkami digitálnej revolúcie, ktorá má značný vplyv na komunikáciu a spoločnosť. Nedávne pokroky v digitálnych a sieťových komunikačných technológiách sa niekedy prirovnávajú ku Gutenbergovmu vynájdeniu kníhtlače. Ako nám môže táto analógia konkrétne priblížiť budúcnosť európskej informačnej spoločnosti a našich jazykov?

Sme svedkami digitálnej revolúcie, ktorú môžeme prirovnať ku Gutenbergovmu vynálezu kníhtlače

Po Gutenbergovom vynáleze nastal skutočný prelom v komunikácii a výmene poznatkov vďaka takým snahám, ako bol napr. Lutherov preklad Biblie do zrozumiteľného jazyka. V ďalších storočiach nastal rozvoj kultúrnych postupov, ktoré rozšírili výmenu poznatkov a zefektívnili spracovávanie jazyka. Zmeny, ktoré nastali:

- ortografické a gramatické ustálenie významnejších jazykov umožnilo rýchle rozšírenie nových vedeckých a intelektuálnych ideí;
- rozvoj oficiálnych jazykov pomohol obyvateľom komunikovať v rámci určitých (často politických) hraníc;
- vyučovanie a preklad jazykov umožnil výmenu poznatkov medzi jazykmi;
- vytvorenie žurnalistických a bibliografických príručiek prinieslo zlepšenie kvality a dostupnosti tlačeného materiálu;
- vytvorenie rôznych médií, akými sú knihy, noviny, rozhlas, televízia a i. uspokojilo rozmanité komunikačné potreby.

Za posledných dvadsať rokov pomohli informačné technológie automatizovať a uľahčiť celý rad procesov:

- DTP softvér nahradil strojopis a sadzbu;
- prezentačný softvér, ako napríklad Open/LibreOffice Impress alebo Microsoft PowerPoint nahradili spätný projektor;
- zasielanie a prijímanie dokumentov e-mailom je rýchlejšie ako prostredníctvom faxu;
- SIP telefónia alebo Skype umožňujú internetové volania a virtuálne stretnutia;
- efektívne kódovanie zvukových a obrazových súborov uľahčuje výmenu multimediálneho obsahu;
- nástroje na vyhľadávanie umožňujú na báze kľúčových slov efektívny prístup na webové stránky;
- on-line služby, ako napríklad Google Translate, ponúkajú rýchle, aj keď približné preklady;
- platformy sociálnych médií (Pokec, Facebook, Twitter, Google a i.) uľahčujú spoluprácu a sprístupnenie informácií.

Spomenuté nástroje a aplikácie ľuďom pomáhajú, no v súčasnosti nedokážu dostatočne pokryť potreby multilingválnej modernej európskej informačnej spoločnosti, v ktorej je neustály tok informácií a tovaru.

2.1 JAZYKOVÉ HRANICE SPOMAĽUJÚ EURÓPSKU INFORMAČNÚ SPOLOČNOSŤ

V súčasnosti nemôžeme presne odhadnúť, aká bude informačná spoločnosť o niekoľko rokov. Je však veľmi pravdepodobné, že revolúcia v komunikačných technológiách spojí ľudí, ktorí hovoria rozličnými jazykmi, napriek jazykovým bariéram. Momentálne môžeme cítiť istý tlak na ľudí, aby sa učili cudzie jazyky, a najmä na ľudí, ktorí by mali vytvárať nové technologické aplikácie na zabezpečenie vzájomného dorozumenia. V aktuálnej globálnej ekonomike a informačnom priestore sa denne konfrontujeme s narastajúcim počtom jazykov, hovoriacimi a novými témami. Súčasná popularita sociálnych médií (Wikipedia, Facebook, Twitter, YouTube, Pokec, Google+) je len špičkou tohto pokrokového ľadovca.

> V globálnej ekonomike a informačnom priestore sa denne konfrontujeme s rôznymi jazykmi, hovoriacimi a novými témami

Dnes dokážeme prenášať gigabajty textu po celom svete za pár sekúnd, hoci sú v jazyku, ktorému nerozumieme. Podľa nedávnej správy, ktorú vydala Európska komisia, 57 % používateľov internetu platí za tovar a služby v cudzom jazyku (angličtina je najbežnejšia, hneď za ňou nasleduje francúzština, nemčina a španielčina). 55 % používateľov číta obsah v cudzom jazyku, pričom iba 35 % používa iný jazyk na písanie e-mailov alebo posielanie komentárov na webe [2]. Pred niekoľkými rokmi mohla byť angličtina internetová lingua franca, pretože prevažná väčšina materiálov na webe bola v angličtine. Situácia sa však medzičasom modifikovala – rozrástlo sa množstvo inojazyčného on-line obsahu (najmä ázijského a arabského).

Táto digitálna priepasť, ktorá je zapríčinená jazykovými bariérami, prekvapivo nezískala dostatok pozornosti na verejnosti. Digitálny svet si kladie naliehavú otázku: „Ktorým európskym jazykom sa bude dariť v zosieťovanej informačnej a znalostnej spoločnosti a ktoré zaniknú?“

2.2 NAŠE JAZYKY V OHROZENÍ

Kníhtlač značne prispela k výmene informácií v Európe, ale napomohla tiež zániku mnohých európskych jazykov. V regionálnych a menšinových jazykoch sa dokumenty rozmnožovali zriedkakedy. Výsledkom bolo, že mnohé jazyky, ako napríklad rómsky alebo rusínsky, sa zredukovali viacmenej len na ústne podanie, čo obmedzovalo ich kontinuálne osvojenie a rozšírenie. Bude mať internet podobný vplyv aj na naše jazyky?

> Rôznorodosť jazykov v Európe je súčasťou kultúrneho bohatstva Európy

Približne 80 jazykov je časťou najvzácnejšieho a najdôležitejšieho kultúrneho bohatstva Európy. Množstvo európskych jazykov je takisto nevyhnutnou súčasťou jej sociálneho úspechu [3]. Zatiaľ čo sa budú populárne jazyky ako angličtina a španielčina v rozvíjajúcej sa digitálnej spoločnosti a na trhu určite udržiavať, mnohé európske jazyky sa vynechajú z digitálnych komunikácií a pre internetovú spoločnosť sa stanú irelevantné. Takýto vývoj by oslabil európsku stabilitu, pretože by bol v rozpore s cieľom zabezpečiť rovnaké postavenie každého európskeho občana bez ohľadu na jazykovú príslušnosť. V správe Unesca o multilingvizme sa uvádza, že jazyky sú médiom uplatňovania základných ľudských práv, ako je právo na vyjadrenie politického názoru, vzdelanie a účasť na spoločenskom živote [4].

2.3 JAZYKOVÉ TECHNOLÓGIE SÚ KĽÚČOVÝMI TECHNOLÓGIAMI

V minulosti sa najviac investovalo do jazykového vzdelávania a prekladu. Podľa niektorých odhadov sa napríklad v roku 2008 v Európe minulo na preklad, interpretáciu, softvérovú lokalizáciu a internetovú globalizáciu približne 8,4 miliardy eur, pričom sa rátalo s 10-percentným nárastom ročne [5]. Faktom je, že tieto finančné prostriedky napriek tomu nestačia na uspokojenie súčasných ani budúcich potrieb. Najlepšie riešenie pre dostatočný výskum používania jazyka je výber technológie, ktorú používame aj na riešenie problémov v doprave, energetike, sociálnej oblasti a pod.

Digitálne jazykové technológie (v písanom aj hovorenom diskurze) pomáhajú ľuďom spolupracovať, podnikať, sprístupňovať vedomosti a zúčastňovať sa na sociálnych a politických diskusiách bez ohľadu na jazykové bariéry alebo počítačové zručnosti. Sú užitočné v prípade:

- vyhľadávania informácií pomocou internetového vyhľadávača,
- kontroly pravopisu a gramatiky v textových procesoroch,
- odporúčania produktu v internetovom obchode,
- počúvania inštrukcií automobilového navigačného systému,
- prekladu webových stránok prostredníctvom online služieb.

Jazykové technológie sa skladajú z niekoľkých základných aplikácií, ktoré sú bázou väčšieho aplikačného rámca. Účelom bielej knihy META-NET-u je preskúmať stav základných technológií všetkých európskych jazykov.

Aby si Európa udržala svoju pozíciu na čele inovatívneho pokroku, mali by sa jazykové technológie adaptovať dôkladne a cenovo dostupne na všetky európske jazyky a zároveň sa pevne integrovať do kľúčových softvérových prostredí. Bez jazykových technológií Európa nedosiahne efektívne, interaktívne, multimediálne a viacjazyčné používateľské prostredie.

Európa potrebuje vhodné a cenovo dostupné jazykové technológie pre všetky európske jazyky

2.4 PRÍLEŽITOSTI PRE JAZYKOVÉ TECHNOLÓGIE

V oblasti tlače bolo technologickým zlomom vynájdenie tlačiarne. Ľudia sa namáhali pri prácnom vyhľadávaní, čítaní, prekladaní a sumarizácii poznatkov. Čakali sme až na Edisona, ktorý zachytil hovorenú reč, a jeho technológia vytvárala stále iba analógové kópie.

Digitálne jazykové technológie dokážu vytvoriť automatický preklad, vygenerovať obsah, spracúvať informácie a riadiť vedomostný manažment, ktorý je aplikovateľný na všetky európske jazyky. Jazykové technológie môžu tiež podporovať rozvoj používateľských rozhraní pre domácu elektroniku, zariadenia, dopravné prostriedky, počítače či roboty. Hoci existuje mnoho takýchto prototypov, komerčné a priemyselné aplikácie sú stále iba v prvotných štádiách rozvoja. Nedávne úspechy vo výskume a rozvoji vytvorili skutočný priestor na nové možnosti. Povedzme strojový preklad je už primerane presný v špecifických oblastiach; experimentálne aplikácie poskytujú mnohojazyčnú informáciu a vedomostný manažment, ako aj generovanie obsahu v mnohých európskych jazykoch.

Ako pri väčšine technológií, aj prvé jazykové aplikácie, ako napríklad hlasové používateľské rozhrania a dialógové systémy, boli vyvinuté pre vysoko špecializované domény a často vykazujú obmedzenú použiteľnosť. Ale v oblasti vzdelávania a zábavného priemyslu sú obrovské príležitosti na integráciu jazykových technológií do hier, edukačných pomôcok, simulačných prostredí, prípadne vzdelávacích programov. Mobilné informačné služby, softvéry na počítačovú podporu učenia sa jazyka, e-learningové prostredia, nástroje na sebahodnotenie a softvéry na detekciu plagiátorstva sú len zlomkom možností, v ktorých zohrávajú jazykové technológie dôležitú úlohu. Popularita sociálnych aplikácií ako Twitter, Pokec alebo Facebook naznačuje potrebu sofistikovanejších jazykových technológií, ktoré dokážu monitorovať príspevky, sumarizovať diskusie, navrhnúť názorové trendy, detegovať emocionálne reakcie, identifikovať porušenie autorských práv alebo vystopovať zneužitie diela.

Jazykové technológie môžu pomôcť prekonať bariéry lingvistickej rozmanitosti

Jazykové technológie predstavujú pre Európsku úniu obrovskú príležitosť. Môžu pomôcť pri problematike viacjazyčnosti v Európe – keďže obchodná sféra, rôzne organizácie či školy sú charakteristické svojou národnostnou rozmanitosťou. Jazykové technológie môžu pomôcť prekonať jazykové bariéry vďaka slobodnému a otvorenému používaniu rozličných jazykov. Pri pohľade na budúcnosť nám zavedenie inovatívnych a multilingválnych jazykových technológií pre Európu takisto môže pomôcť v komunikácii s celosvetovými partnermi a s ich viacjazyčnými spoločenstvami. Jazykové technológie možno vnímať aj ako „podporné“ prostriedky, ktoré prekonávajú jazykovú rozmanitosť a zbližujú jazykové spoločenstvá.

Napokon, jedno odvetvie výskumu predstavuje aj používanie jazykových technológií pri záchranných akciách v oblastiach postihnutých katastrofami, kde ich použitie môže byť otázkou života a smrti, napríklad budúce inteligentné roboty s mnohorakými jazykovými schopnosťami majú potenciál zachraňovať ľudské životy.

2.5 VÝZVY PRE JAZYKOVÉ TECHNOLÓGIE

Hoci jazykové technológie za posledné roky napredujú, súčasné tempo technologického vývoja a inovácie produktov je pomalé. Jazykové technológie so širokým využitím (napríklad kontrola pravopisu a gramatiky v textových editoroch) jestvujú v monolingválnej forme, a preto sú dostupné len pre hŕstku jazykov. On-line služby, ako sú profesionálne aplikácie strojových prekladov, prinášajú so sebou mnohé ťažkosti v situáciách, v ktorých sú potrebné veľmi presné a úplné preklady. Vzhľadom na zložitosť ľudského jazyka a modelovanie nášho jazyka do softvéru je následné testovanie pridlhé a nákladné a vyžaduje si neustálu finančnú podporu. Ak si chce Európa zachovať svoje postavenie priekopníka v prijímaní technologických výziev viacjazyčnej jazykovej komunity, musí neustále predkladať nové metódy na urýchlenie technologického rozvoja, napríklad progres v oblasti počítačovej technológie a techník ako crowdsourcing.

Súčasné tempo technologického vývoja je príliš pomalé

2.6 OSVOJOVANIE SI JAZYKA

Aby sme si vedeli lepšie predstaviť prácu počítača s osvojovaním si jazyka, stručne zhrnieme spôsoby, akými si ľudia osvojujú prvý a druhý jazyk. Potom si načrtneme, ako si jazyk osvojujú jazykové technológie.

Ľudia si jazyk osvojujú dvoma rozličnými spôsobmi. V prvom prípade sa dieťa učí jazyk tak, že počúva rozhovory medzi hovoriacimi v danom jazyku. Presnejšie, jazykovými vzormi sú preňho používatelia jazyka, ako napríklad rodičia, súrodenci alebo iní rodinní príslušníci. Dieťa začína produkovať prvé slová a krátke frázy

vo veku približne dvoch rokov. Deje sa to vďaka špeciálnej genetickej dispozícii imitovať zvuky a následne si odôvodniť to, čo počuje.
Učenie sa druhého jazyka zvyčajne vyžaduje oveľa viac úsilia, lebo dieťa už nie je súčasťou jazykového spoločenstva rodených hovoriacich. V školskom veku sa cudzie jazyky väčšinou osvojujú učením gramatických štruktúr, slovnej zásoby a pravopisu z kníh a vzdelávacích materiálov, ktoré opisujú jazykové systémy pomocou abstraktných pravidiel, tabuliek a textových ukážok. Učenie sa cudzieho jazyka si vyžaduje veľa času i úsilia a s pribúdajúcim vekom to už nie je také jednoduché.
Jazykové technológie nadobúdajú jazykové schopnosti podobným spôsobom ako ľudia. Štatistické prístupy získavajú jazykové schopnosti z rozmanitého výberu konkrétnych príkladov textov. Tieto algoritmy strojového učenia modelujú istý druh jazykovej schopnosti, ktorá dokáže odvodzovať vzory ako slová, krátke frázy a celé vety používané v jednom jazyku alebo prekladané z jedného jazyka do druhého.

Ľudia si osvojujú jazyk pozorovaním komunikácie a učením sa jazykových pravidiel

---

Tento štatistický prístup vyžaduje obsah miliónov viet a svoj kvalitatívny výkon zvyšuje s narastajúcim množstvom analyzovaných textov. To je jeden z dôvodov, prečo sa prevádzkovatelia vyhľadávačov snažia získať čo najviac písomných materiálov. Korekcia pravopisu v textových procesoroch a služby ako Google Hľadať na webu (oficiálny názov služby) a Google Translate sú závislé od štatistických prístupov. Veľkou výhodou štatistiky je, že stroj sa učí veľmi rýchlo, hoci kvantita nie vždy korešponduje s kvalitou.
Systémy založené na pravidlách sú druhým najväčším typom jazykových technológií. Vysoko špecializovaní odborníci z oblasti lingvistiky, počítačovej lingvistiky a počítačovej vedy kódujú gramatické analýzy (pravidlá prekladu) a zostavujú zoznam slovnej zásoby (lexikóny). Vytvorenie týchto systémov je časovo náročné a prácne. Niektoré z týchto hlavných systémov strojového prekladu založených na pravidlách sa rozvíjajú už viac než 20 rokov. Ich výhodou je, že odborní pracovníci môžu systematickejšie kontrolovať spracúvanie jazyka, čo prispieva k oprave prípadných chýb v softvéri. Vďaka týmto systémom sa používateľovi poskytne detailnejšia spätná väzba, osobitne vtedy, keď sa tieto systémy používajú na výučbu jazykov. Z finančných dôvodov sú systémy založené na pravidlách prístupné iba pre rozšírenejšie jazyky.
Silné a slabé stránky štatistických systémov a systémov založených na pravidlách sa navzájom dopĺňajú. Aktuálny výskum sa sústreďuje na hybridné prístupy, ktoré tieto dva systémy kombinujú. Doteraz sa však viac uplatnili v priemyselných aplikáciách než v oblasti výskumu.
Ako sme si v tejto kapitole mohli prečítať, v dnešnej informačnej spoločnosti sa využíva množstvo jazykových technológií. Kvôli viacjazyčnosti to platí najmä pre európsky ekonomický a informačný priestor. Jazykové technológie zaznamenali v posledných rokoch značný rozmach. Ich permanentné zdokonaľovanie však je nevyhnutnosťou.
V nasledujúcich kapitolách opíšeme úlohu slovenského jazyka v európskej informačnej spoločnosti a zhodnotíme súčasný stav jazykových technológií pre slovenský jazyk.

3

SLOVENČINA V EURÓPSKEJ INFORMAČNEJ SPOLOČNOSTI

3.1 VŠEOBECNÉ FAKTY

Slovenský jazyk patrí – v rámci indoeurópskej rodiny jazykov – spolu s poľštinou, češtinou a lužickou srbčinou k západnej vetve slovanských jazykov. Jazykové, historické a archeologické fakty ukazujú, že slovenčina sa vyvíjala priamo z praslovančiny (nie cez štádium pračeskoslovenčiny). Praslovanský základ slovenčiny sa sformoval v priestore medzi Karpatmi, Dunajom a dolnou Moravou, a to v dotyku so západoslovanským areálom na západ od tohto priestoru a s východoslovanským areálom na sever a severovýchod. Do tohto priestoru prišli Slovania, predchodcovia Slovákov, v 6. storočí z juhovýchodu. Za základ slovenčiny možno pokladať rekonštruovaný jazyk veľkomoravského etnika členený na nárečia, ale reprezentovaný aj istou kultúrnou podobou. Najbúrlivejší vývin slovenčina prekonala v 10.–12. storočí, v 13.–15. storočí sa predovšetkým stabilizovala. V 16.–18. storočí sa na území Slovenska používala ako kultúrny jazyk čeština, ale aj niekoľko typov kultúrnej slovenčiny: kultúrna západoslovenčina, kultúrna stredoslovenčina a kultúrna východoslovenčina. Od konca 18. storočia sa začínajú pokusy o formovanie spisovnej slovenčiny. Anton Bernolák koncom 18. storočia založil svoju kodifikáciu na západnej kultúrnej slovenčine, ale v dôsledku zmenených spoločenských a hospodárskych podmienok nemal želaný úspech. Ľudovít Štúr vychádzal zo stredoslovenského základu, ním kodifikovaná spisovná slovenčina sa ujala a po istých úpravách (Martina Hattalu, Michala Miloslava Hodžu) používa až dodnes. Slovenský jazyk je štátnym jazykom Slovenskej republiky a od mája 2004 je slovenčina jedným z úradných jazykov EÚ. Po slovensky hovorí okolo štyri a pol milióna obyvateľov Slovenska, viac ako milión vysťahovalcov v USA a okolo 300-tisíc v Českej republike. Menšie rečové skupiny sa nachádzajú aj v Maďarsku, Rumunsku, Srbsku, Chorvátsku, Bulharsku, Poľsku, vo Francúzsku, v Nemecku, Belgicku, Rakúsku, Nórsku, Dánsku, vo Fínsku, Švédsku, v Taliansku, vo Švajčiarsku, v Holandsku, na Cypre, v Rusku a na Ukrajine, v Kirgizsku, Izraeli, Kanade, Juhoafrickej republike, Argentíne, Brazílii, Uruguaji, Austrálii, na Novom Zélande, vo Veľkej Británii a v niektorých ďalších krajinách. Slovenčina je známa ako „esperanto“ slovanských jazykov, vníma sa ako najzrozumiteľnejšia aj pre používateľov iných slovanských jazykov.

> Slovenčina je známa ako „esperanto" slovanských jazykov

Slováci v zahraničí predstavujú rôzne skupiny: sú to potomkovia pôvodných obyvateľov Slovenska, ktorí odchádzali do iných oblastí bývalého Rakúsko-Uhorska, potomkovia novších vysťahovalcov zo Slovenska v zámorí (emigrantské vlny od konca 19. do polovice 20. storočia), politicko-ekonomickí emigranti po r. 1945, resp. 1948 a po r. 1968 a ich potomkovia, napokon prevažne mladí ľudia usídlení v zahraničí po r. 1990. Odhaduje sa, že pri poslednej emigrantskej vlne v r. 2007–2008 odišlo do zahraničia asi 270-tisíc Slovákov. Osobitnú skupinu predstavujú potomkovia Slovákov, ktorí ostali za hranicami Slovenska po politicko-geografických zmenách po r. 1918, resp. 1945. Na Slovensku zároveň žijú národnostné menšiny (Maďari, Rómovia, Česi, Rusíni, Ukrajinci, Nemci, Poliaci, Moravania, Chorváti, Bulhari, Židia), ktoré spolu tvoria 14,2 % obyvateľov Slovenska. Používanie štátneho jazyka a jazykov menšín na území Slovenska upravuje Zákon o štátnom jazyku a Zákon o používaní jazykov národnostných menšín.

Slovenský jazyk má viacero foriem: spisovná slovenčina je predovšetkým jazykom písanej podoby a úradnej, oficiálnej komunikácie, hovorová slovenčina je štandardnou podobou predovšetkým hovorenej komunikácie. V každej forme sú osobitné podskupiny, ktoré tvoria stratifikačný systém slovenčiny: spisovná forma/celoslovenská štandardná forma/celoslovenská subštandardná forma/regionálne varianty/lokálne varianty, teritoriálna forma (nárečia), sociálne formy (slangy, žargóny, argoty, profesionálne jazyky). Za reguláciu jazyka a jazykovú politiku bolo v dobe písania tohto dokumentu zodpovedné Ministerstvo kultúry SR (Zákon o štátnom jazyku SR, Ústredná jazyková rada). Vo svojich rozhodnutiach by sa malo opierať o poznatky a názory vedeckej a odbornej obce, na ktorej čele stojí Jazykovedný ústav Ľudovíta Štúra Slovenskej akadémie vied (ďalej JÚĽŠ SAV). JÚĽŠ SAV je zriaďovateľom a koordinátorom činnosti viacerých komisií s celoslovenskou pôsobnosťou: pravopisná komisia, ortoepická komisia, onomastická komisia a kodifikačná komisia. Jednotlivé komisie pripravujú a odporúčajú kodifikáciu ortoepickej, pravopisnej, gramatickej a lexikálnej normy. Pravopisné pravidlá prechádzajú osobitnou diskusiou aj so zapojením širšej verejnosti, ale vzhľadom na vzájomnú prepojenosť mnohých faktorov a celospoločenský dosah každej zmeny sa nemenia príliš často. Posledné zmeny najmä v oblasti pravidla o rytmickom krátení a v písaní veľkých písmen sa udiali v r. 1991. V lexikografických príručkách, ktoré vznikajú v JÚĽŠ SAV a z rôznych hľadísk opisujú slovnú zásobu slovenčiny (Krátky slovník slovenského jazyka, Slovník súčasného slovenského jazyka A – G, H – L, Synonymický slovník, Slovník cudzích slov – akademický [6, 7, 8, 9, 10]), sa okrem pravopisnej normy zachytáva aj lexikálna a sčasti aj gramatická a ortoepická norma. Stav slovenčiny v rôznych jej podobách mapujú aj osobitné monografie a štúdie v časopisoch vydávaných JÚĽŠ SAV.

Územné usporiadanie Slovenska (územie s rozlohou necelých 50-tisíc km^2 je situované najmä na dĺžku, ktorá dosahuje od východnej po západnú hranicu takmer 430 km) a špecifiká jednotlivých nárečí ovplyvňujú aj podobu slovenčiny v jednotlivých regiónoch a lokalitách, s čím sa musia vyrovnávať predovšetkým cudzinci učiaci sa slovenčinu a pohybujúci sa na území SR.

3.1.1 Slovenské nárečia

Slovenské nárečia predstavujú dorozumievací prostriedok autochtónneho obyvateľstva príslušných nárečových oblastí v každodennom spoločenskom a pracovnom styku s najbližším okolím. Slovenské nárečia sa doteraz dedia z generácie na generáciu v ústnej podobe, hoci aj tu dochádza v porovnaní s minulosťou k procesu nivelizácie.

Slovnú zásobu jednotlivých nárečí na území Slovenska opisuje Slovník slovenských nárečí, podrobnejšie a v rozšírení na ďalšie jazykové roviny sú viaceré nárečia opísané v samostatných monografiách.

Slovenské nárečia sa členia na tri základné skupiny (pozri obrázok 1):

a) Západoslovenské nárečia sú rozšírené v trenčianskej, nitrianskej, trnavskej, myjavskej oblasti a v ďalších regiónoch.

20. Hornotrenčianske nárečia
21. Dolnotrenčianske nárečie

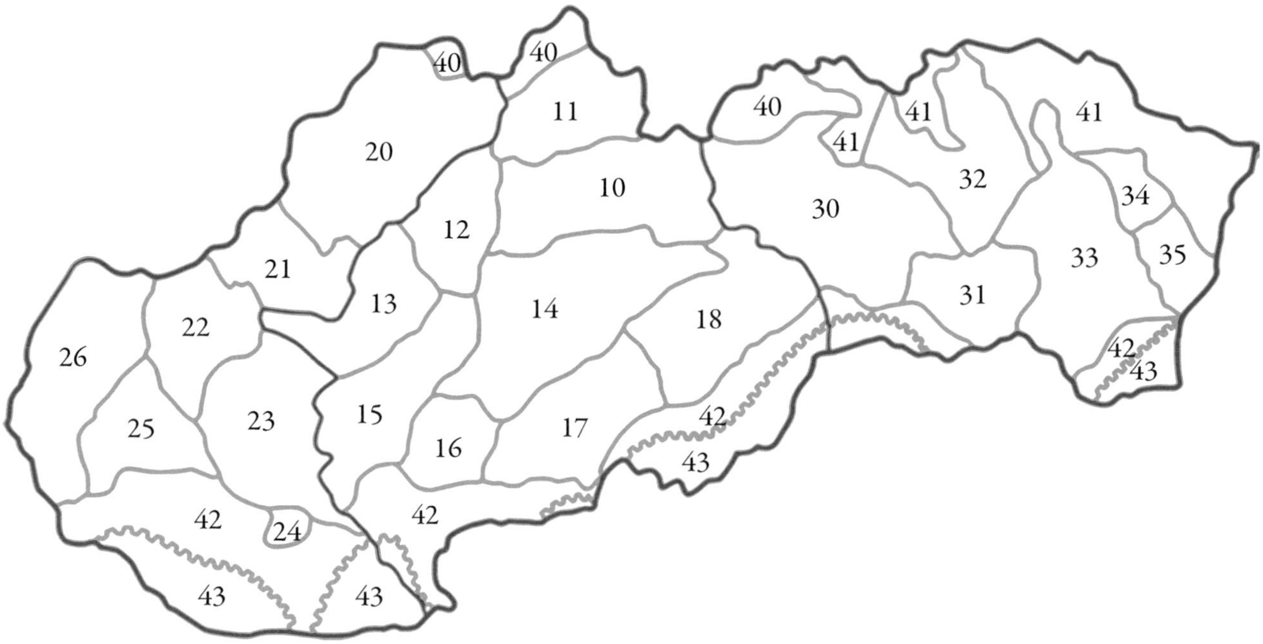

1: Mapa slovenských nárečí

22. Považské nárečie
23. Stredonitrianske nárečia
24. Dolnonitrianske nárečia
25. Nárečia trnavského okolia
26. Záhorské nárečia

b) Stredoslovenskými nárečiami sa hovorí v regiónoch Liptov, Orava, Turiec, Tekov, Hont, Novohrad, Gemer a vo zvolenskej oblasti.

10. Liptovské nárečia
11. Oravské nárečia
12. Turčianske nárečie
13. Hornonitrianske nárečia
14. Zvolenské nárečia
15. Tekovské nárečia
16. Hontianske nárečie
17. Novohradské nárečia
18. Gemerské nárečia

c) Východoslovenské nárečia možno nájsť v regiónoch Spiš, Šariš, Zemplín a Abov.

30. Spišské nárečia
31. Abovské nárečia
32. Šarišské nárečia
33. Zemplínske nárečia
34. Sotácke nárečia
35. Užské nárečia
40. Oblasť goralských nárečí
41. Oblasť ukrajinských nárečí
42. Nárečovo rôznorodé oblasti
43. Oblasť maďarských nárečí

Tieto skupiny sa ďalej bohato a pestro členia („Čo dedina, to reč iná"), pričom členitosťou sa nárečia vyznačujú predovšetkým v hornatých oblastiach. Práve hornatosť krajiny spôsobovala v minulosti istú (rečovú) izolovanosť obyvateľstva v rámci jednotlivých žúp. Pod tieto špecifiká sa podpísalo ďalej aj prevrstvovanie a migrácia obyvateľstva, kolonizácie, miešanie odlišných nárečových typov, pôsobenie susedných slovanských i neslovanských jazykov, zmeny v zamestnaní obyvateľstva a pod. Podľa povahy nárečí a výskytu jednotlivých charakteristických javov možno zaradiť do uvedených skupín aj slovenské nárečia v Maďarsku, Srbsku, Chorvátsku, Rumunsku, Bulharsku a v iných krajinách, kam sa v minulosti presídlili veľké kompaktné skupiny. Pri menšom počte starých písomných pamiatok sú slovenské nárečia základným prameňom slovenskej historickej gramatiky.

3.2 ŠPECIFIKÁ SLOVENČINY

Slovenčina sa začala samostatne vyvíjať priamo z praslovančiny od 10. storočia. Hlavné zmeny v nej prebehli a ustálili sa do 15. storočia, niektoré rovnomerne (zánik nosoviek), iné diferencovane (vokalizácia tvrdých jerov vo východnej a západnej časti dnešného Slovenska bola západoslovanského typu, v centrálnej časti nezápadoslovanského typu). Súčasťou týchto zmien bol aj rozpad praslovanskej stavby slabiky, čo ovplyvnilo zmeny v skloňovaní a časovaní. Aj keď sa slovenčina a čeština dlhý čas vyvíjali za rozdielnych podmienok (Slovensko sa v 11. storočí stalo súčasťou Uhorského kráľovstva), ostali si navzájom blízke. Niektoré špecifické črty slovenského jazyka (formy *laket*, *Česi*, prípona *-m* pri slovesách v prvej osobe jednotného čísla atď.) však súčasne existujú aj v jazykoch južných Slovanov. Niektorými menej dôležitými charakteristikami slovenčina pripomína poľštinu (predpona *pre-* na rozdiel od českého *pro-*, zachovanie spoluhlásky *dz* a niekoľko výrazov, napríklad *teraz*, *pivnica*). Inými charakteristikami sa blíži k východoslovanským jazykom. Hovorí sa preto o centrálnej pozícii slovenčiny medzi slovanskými jazykmi a o dobrej zrozumiteľnosti slovenčiny pre príslušníkov ostatných slovanských národov.

Slovenčina používa upravené latinské písmo. Keďže pre niektoré slovenské hlásky v latinskej abecede chýbajú osobitné písmená, slovenská abeceda si vypomáha diakritickými znamienkami. Mäkkosť konsonantov sa označuje mäkčeňom (*ď*, *ť*, *ň*, *ľ*, používa sa aj pri grafémach *ž*, *š*, *č*, *dž*), dĺžka vokálov, resp. konsonantov dĺžňom (*á*, *é*, *í*, *ý*, *ó*, *ú*, *ŕ*, *ĺ*). Vokály nepodliehajú redukcii, v každej pozícii sa vyslovujú v plnej forme. Okrem samohlások a spoluhlások existujú v slovenčine takzvané *i*-dvojhlásky (*ia*, *ie*, *iu*) a jedna *u*-dvojhláska (/u̯o/, píše sa ô; /ou̯/ sa nepovažuje za dvojhlásku), pričom prvý úsek sa vyslovuje ako polosamohláska.

Niektoré špecifické črty slovenského jazyka existujú aj v jazykoch južných Slovanov

Fonetickým špecifikom štandardnej slovenčiny (a stredoslovenských dialektov) je takzvaný rytmický zákon, podľa ktorého by vedľa seba nemali byť dve dlhé slabiky (*pekný – krásny*, *prosím – smútim*). Slovenčina má prízvuk viazaný na prvú slabiku slova, ktorý nie je príliš silný (slabší ako v ruštine alebo v poľštine). V predložkových frázach s jednoslabičnou predložkou sa prízvuk zvyčajne kladie na predložku: *pri škole*.

Slovenčina používa upravené latinské písmo

Slovenčina má v porovnaní s ruštinou, ale napríklad aj s češtinou, jednoduchšiu štruktúru skloňovacích a časovacích paradigiem. Tvarový systém substantívnych a slovesných foriem je však napriek unifikačným tendenciám dostatočne jasne členený. Slovenský jazyk má šesť gramatických pádov (nominatív, genitív, datív, akuzatív, lokál a inštrumentál). Vokatív sa v slovenčine na rozdiel od češtiny aktívne nevyužíva, zvyčajne je identický s nominatívom. Slovenčina rozoznáva 4 rody: mužský životný a mužský neživotný, ženský a stredný rod podstatných mien a súvisiacich prídavných mien, zámen a čísloviek. Mužský a ženský rod sa pri životných konkrétach určuje podľa prirodzeného rodu, v ostatných prípadoch je to vec konvencie, ktorá nie je signalizovaná nijakým členom, iba niekedy zakončením (napr. *strom* – masculínum inanimatum, *jabloň* – feminínum, *jablko* – neutrum). Pre každý rod sú v školských učebniciach uvedené viaceré vzory, ktorých paradigmy sa odlišujú najmä v G/A sg. a N/G pl. (napr. mužský životný *chlap* / *chlapa* / *chlapi* / *chlapov*, *hrdina* / *hrdinu* / *hrdinovia* / *hrdinov*; *žena* / *ženy* / *ženu* / *ženy* / *žien*, *dlaň* / *dlane* / *dlaň* / *dlane* / *dlaní*). Súčasne je v niektorých vzoroch a pádoch značná pádová homonymia: G a A sg. životných maskulín, N a A sg. neživotných maskulín, v ženskom rode G sg. a N pl. a pod. Medzi vzormi sú možné prechody, napr. ženský vzor *kosť* je v súčasnosti produktívnejší ako vzor *dlaň*. Slová zaradené k istému vzoru sa od neho často odlišujú, čo sa rieši vymenovaním výnimiek; vo vedeckých a počítačovo-lingvistických prácach sa však uvádza oveľa väčší počet vzorov [11, 12, 13].

Pri slovesách sa rozlišujú tri časy: minulý, prítomný a budúci. Okrem troch slovesných spôsobov – indikatívu, imperatívu a kondicionálu – má väčšina slovies jeden z nasledujúcich vidov – nedokonavý (*volať*) a dokonavý (*zavolať*). Slovenčina je silne flektívny jazyk s prvkami analytických konštrukcií (hlavne v slovesných formách ako *budem písať*, *bol by som prišiel*). Gramatickú funkciu slova jasne určuje skloňovanie, slovosled vety je teda pomerne voľný. V syntaktickej typológii slovenčinu charakterizuje základná konštrukcia S(ubjekt) – V(erbum) – O(bjekt), ide však skôr o teoretickú schému, ktorá v praxi nadobúda rozličné formy v dôsledku voľného slovosledu. Jednoznačnému určeniu S a O napomáhajú pády (S je v N, O je zvyčajne v A alebo G, D, zriedkavejšie v ostatných pádoch), homonymia tvarov však môže spôsobiť neistotu v obsadení funkcie subjektu a objektu (najmä pri cudzích vlastných menách, ale v školskej praxi a v počítačovej analýze vo viacerých ďalších prípadoch).

Osobitné problémy cudzincom a počítačovému spracovaniu slovenčiny robia slovesné morfémy *sa*, *si*, ktoré môžu stáť pred slovesom alebo za ním, a to aj vo vzdialenosti viacerých slov či dokonca v inej časti rozdelenej vety v súvetnej štruktúre (*Netrvalo dlho, keď* ***sa*** *im ich hviezda, ktorú predtým videli v diaľke, zrazu* ***priblížila***). V slovenčine sú najčastejšie dvojčlenné frázy so subjektom (agensom), ale často sa používajú aj jednočlenné frázy bez agensa (*Prší.* – *Prišlo mu zle.* – *Na stavbe sa tvrdo pracuje.*). Subjekt známy z kontextu a tvaru prísudkového slovesa sa formálne nevyjadruje (*Našiel som ho.*), jeho prítomnosť vo vete v podobe osobného zámena je pre slovenčinu príznaková (*Ja som ho našiel!*).

3.3 SLOVENČINA NA INTERNETE

Na konci roka 2010 bola veľkosť slovenskej internetovej populácie približne 2 394 000, čo je viac ako 44 % všetkých Slovákov. V prípade mladšej generácie je toto percento omnoho vyššie, keďže mladí ľudia trávia počas dňa mnoho času na internete. Do konca roka 2010 prekročil počet slovenských domén hranicu 231-tisíc [14]. Podiel .sk domén na svetovom internete bol na konci roka 2010 približne *1 ‰* (počet všetkých domén podľa http://www.verisigninc.com dosahoval približne 200 miliónov). Na internete sa slovenčina s diakritikou objavila v polovici 90. rokov 20. storočia. Sféra internetovej komunikácie a texty, ktoré sa na internete nachádzajú, sú zaujímavé z hľadiska výskumu prirodzeného jazyka, ale aj z hľadiska možnosti zberu štatistických materiálov. Internet je aj miestom využívania rôznych aplikačných oblastí, ktoré ako zdroj využívajú jazykové dáta.

Rovnako ako pri mnohých iných európskych jazykoch, aj pre začiatky používania slovenčiny na internete (a všeobecne vo výpočtovej technike) bolo typické vynechávanie diakritiky. Kvôli zmätkom s kódovaním znakov na konci 80. a začiatkom 90. rokov 20. storočia a nedostatočnej softvérovej podpore rozličných znakových kódovaní začal „správny“ pravopis na internete prevládať až koncom 90. rokov. V súčasnosti, pri takmer univerzálnom používaní kódovania Unicode a UTF-8, neexistujú žiadne nevyriešené problémy a diakritika sa používa univerzálne (v neformálnych kontextoch, napr. v e-mailoch a na diskusných fórach a hlavne v SMS správach sa však bežne používa slovenčina bez diakritiky).

Osobitnou kategóriou sú bilingválne slovníky, ktoré sú voľne prístupné slovenským používateľom internetu na troch veľkých slovenských portáloch (*azet.sk*, *centrum.sk*, *zoznam.sk*).

Spoločnosť Google vyvíja voľne dostupný automatický prekladač textov z rôznych jazykov do slovenčiny a naopak. Miera správnosti je však v prípade väčšiny jazykov nízka. Zaujímavý je vzájomný preklad medzi blízkopríbuznými jazykmi slovenčina-čeština a čeština-slovenčina, kde je úspešnosť a správnosť prekladu pomerne dobrá. Samozrejme, aj tento preklad je miestami nesprávny, ale je omnoho úspešnejší ako preklad medzi slovenčinou a angličtinou, nemčinou, francúzštinou a inými rozšírenými jazykmi.

O využívaní internetových zdrojov používateľmi slovenského internetu svedčí aj vyše 60-tisíc slovenských registrovaných používateľov internetovej encyklopédie Wikipédia v slovenskom jazyku. Slovenská Wikipédia obsahuje vyše 285-tisíc článkov.

3.4 SLOVENČINA AKO CUDZÍ JAZYK

3.4.1 Slovak Online

Slovak Online [15] je projekt umožňujúci bezplatné štúdium slovenského jazyka prostredníctvom e-learningu na webovom portáli. Ponúkané jazykové kurzy rôznych úrovní (minikurz pre turistov, kurzy A1 a A2 podľa Spoločného európskeho referenčného rámca) sú rozdelené do tematických kapitol a doplnené audio a videonahrávkami a cvičeniami. Stránka obsahuje aj prehľad slovenskej gramatiky a pravopisu, prekladový slovník a jazykové hry. Sprístupňujú sa tu takisto základné informácie a zaujímavosti o Slovensku a slovenčine, knižnica s ukážkami diel slovenských autorov a možnosť komunikácie medzi zaregistrovanými používateľmi formou textových správ.

Cieľovou skupinou sú cudzinci, partneri v zmiešaných manželstvách, obyvatelia pohraničných oblastí, Slováci žijúci v zahraničí, slovakisti, slavisti a ďalší záujemcovia

---

Cieľovou skupinou projektu sú cudzinci žijúci na území Slovenska, partneri v zmiešaných manželstvách, obyvatelia pohraničných oblastí, Slováci žijúci v zahraničí, slovakisti a slavisti, imigranti, študenti a turisti. V súčasnosti stránka existuje v nemeckej, anglickej, esperantskej, francúzskej, litovskej, poľskej a slovenskej verzii.

Projekt, ktorý je prvým svojho druhu, vznikol na základe skúseností získaných prevádzkou stránky lernu! [16], najväčšieho portálu na učenie sa jazyka esperanto. Projekt Slovak Online podporila Európska komisia v rámci programu KA2 – languages – program celoživotného vzdelávania. Realizátorom projektu je občianske združenie Edukácia@Internet (Slovensko), partnermi sú Jazykovedný ústav Ľudovíta Štúra SAV (Slovensko), Studio GAUS (Nemecko), Vilniaus universitas (Litva), Wyższa Szkoła Informatyki, Zarządzania i Administracji w Warszawie (Poľsko) a Slovak Centre London (Spojené kráľovstvo Veľkej Británie a Severného Írska).

3.4.2 Studia Academica Slovaca

Studia Academica Slovaca – centrum pre slovenčinu ako cudzí jazyk (SAS) je špecializovaným pracoviskom Filozofickej fakulty Univerzity Komenského (FF UK) v Bratislave. Ťažiskom pedagogickej a vedeckovýskumnej činnosti je vzdelávanie zahraničných záujemcov o slovenský jazyk a kultúru, propagácia slovenskej vedy, kultúry a umenia v zahraničí, realizácia a koordinácia výskumu slovenčiny ako cudzieho jazyka, riešenie medzinárodných a domácich vedeckovýskumných projektov a edičná činnosť zameraná na tvorbu a vydávanie vedeckých slovakistických publikácií a učebníc slovenčiny ako cudzieho jazyka. Okrem toho SAS ako odborné centrum pre slovenčinu ako cudzí jazyk už tradične participuje na odborno-metodickej príprave lektorov slovenčiny ako cudzieho jazyka pôsobiacich na zahraničných univerzitách. Výsledkom spolupráce s lektorátmi a zahraničnými slovakistami je databáza slovakistiky v zahraničí.

Ťažiskom činnosti je vzdelávanie zahraničných záujemcov, propagácia slovenskej vedy, kultúry a umenia

Osobitnou zložkou činnosti centra je každoročná organizácia a realizácia letnej školy slovenského jazyka a kultúry Studia Academica Slovaca, ktorú FF UK ponúka zahraničným záujemcom už od roku 1965. Na jej úspešnú históriu nadviazalo Metodické centrum SAS (1992), ktoré sa v roku 2006 pretransformovalo na SAS – centrum pre slovenčinu ako cudzí jazyk. Za takmer polstoročie existencie SAS využilo služby tejto inštitúcie takmer šesťtisíc zahraničných záujemcov o slovenský jazyk, kultúru a slovenské reálie z viac ako 50 štátov sveta. Na pôde Studia Academica Slovaca boli položené základy vedeckého opisu a didaktiky slovenčiny ako cudzieho jazyka a vznikli tu prvé učebnice a príručky slovenčiny pre cudzincov. Vzhľadom na svoju bohatú tradíciu a skúsenosti v súčasnosti pôsobí SAS ako koordinačné a informačné centrum s celoslovenskou a exteritoriálnou pôsobnosťou. V roku 2006 centrum SAS získalo akreditáciu Ministerstva školstva Slovenskej republiky na poskytovanie vzdelávacích aktivít Slovenčina ako cudzí jazyk – jazykový kurz v kontaktnej a dištančnej forme pre všetky stupne jazykového vzdelávania, a to pre začiatočníkov A1, A2, mierne a stredne pokročilých B1, B2 a pokročilých C1, C2, ktorých obsah je publikovaný v tlačenej verzii [17] a takisto na webovej stránke [18].

Na základe grantu Ministerstva školstva Slovenskej republiky sa v rámci projektu Vzdelávací program Slovenčina ako cudzí jazyk ponúka záujemcom o slovenský jazyk e-learningový kurz slovenčiny [19] pre 1. stupeň A1 (úplný začiatočník) a 2. stupeň A2 (začiatočník). Cieľom projektu je tvorba obsahu a foriem jazykového vzdelávania cudzincov pre jednotlivé stupne podľa Spoločného európskeho referenčného rámca pre jazyky, ako aj špecifikácia jednotných kritérií hodnotenia a certifikácie jazykovej kompetencie. Hlavnou náplňou je príprava štandardných a špecializovaných učebných materiálov pre študentov a metodických príručiek pre učiteľov. Každoročne sa koná odborno-metodický seminár pre učiteľov základných a stredných škôl v zahraničí, ako aj pre lektorov pôsobiacich na zahraničných univerzitách s cieľom informovať o novinkách v oblasti lingvistiky, literatúry, kultúry a didaktiky slovenčiny ako cudzieho jazyka.

Za realizáciu projektu, ktorý rieši kolektív Studia Academica Slovaca, *Vzdelávací program Slovenčina ako cudzí jazyk*, získala Filozofická fakulta UK ocenenie iniciatívy Európskej komisie v oblasti jazykového vzdelávania *Európska značka 2007*.

3.4.3 Letná škola slovenského jazyka a kultúry Studia Academica Slovaca

Letná škola slovenského jazyka a kultúry Studia Academica Slovaca (SAS) je určená zahraničným slovakistom a slavistom, študentom na zahraničných univerzitách, kultúrnym pracovníkom, manažérom, lektorom, prekladateľom a všetkým záujemcom o štúdium slovenského jazyka a kultúry. Cieľom kurzu je získanie a prehĺbenie komunikačnej kompetencie v slovenskom jazyku na rôznych stupňoch a rozšírenie poznatkov zo slovenskej lingvistiky, literatúry, histórie a kultúry.

Letná škola SAS je najstaršou letnou univerzitou na Slovensku - existuje od roku 1965 a od roku 1966 pod názvom Studia Academica Slovaca. SAS si od svojho vzniku kontinuálne zachováva profil slovakistických akademických štúdií. Letnú školu SAS každoročne absolvuje približne 150 frekventantov z viac ako 30 krajín sveta. Na príprave a realizácii vzdelávacieho programu sa podieľajú vysokoškolskí pedagógovia a lektori odborne vyškolení v oblasti slovenčiny ako cudzieho jazyka, z ktorých mnohí majú skúsenosti aj z pôsobenia na lektorátoch zahraničných univerzít.

Cieľom je získanie a prehĺbenie komunikačnej kompetencie v slovenskom jazyku

3.5 SLOVENSKÝ NÁRODNÝ KORPUS

Celosvetový trend rozvoja jazykových a informačných technológií a potreba zodpovedajúcej materiálovej bázy pre koncipovanie slovníkov a opis slovenského jazyka podnietil vznik korpusov a korpusovej lingvistiky aj na Slovensku. V r. 2002 vzniklo s podporou Ministerstva kultúry SR (program starostlivosti o štátny jazyk), Ministerstva školstva SR (informatizácia a využívanie inovatívnych metód vo výučbe) a Slovenskej akadémie vied oddelenie Slovenského národného korpusu Jazykovedného ústavu Ľ. Štúra SAV (SNK JÚĽŠ SAV). Kolektív ôsmich, prevažne mladých vedeckých, odborných a technických pracovníkov bol poverený riešením úlohy Budovanie Slovenského národného korpusu a elektronizácia jazykovedného výskumu na Slovensku [20].

V začiatkoch budovania pracoviska, korpusovej databázy a špecifických nástrojov na jej tvorbu a využívanie sa na pôde oddelenia SNK konali pravidelné vedecké semináre, na ktorých prednášali významní zahraniční odborníci. Vybrané príspevky boli zhrnuté do publikácie *Insight into the Slovak and Czech Corpus Linguistics* [21]. Od r. 2005 organizuje kolektív SNK bienálnu medzinárodnú konferenciu Slovko [22] o počítačovom spracovaní prirodzených jazykov a korpusovolingvistických výskumoch. Na podujatí sa pravidelne zúčastňujú domáci aj zahraniční bádatelia (z Bulharska, Česka, Francúzska, Chorvátska, Maďarska, Nemecka, Poľska, Rakúska, Ruska, Slovinska, Španielska, Ukrajiny a i.). V zborníkoch z týchto konferencií je publikovaných vyše sto príspevkov o príprave, riešení a výsledkoch národných a medzinárodných projektov v oblasti budovania a využívania všeobecných i špecifických korpusov a databáz, v oblasti analýzy a syntézy reči, automatizovaného prekladu, počítačovej lexikografie a termínografie, e-learningu a pod.

Pracovníci oddelenia SNK JÚĽŠ SAV sa doteraz zapojili do 7 projektov v rámci Slovenska a do 6 medzinárodných projektov a spoluprác [23]. V r. 2005 získali Cenu SAV za budovanie infraštruktúry pre vedu.

3.5.1 Korpus písaných textov

Primárny, všeobecný korpus ***prim*** obsahuje texty v slovenskom jazyku, ktoré vznikli po r. 1955. Zastúpené sú tri hlavné štýly: publicistický, umelecký, odborný (populárno-náučný), ako aj rôzne žánre a vecné oblasti. Texty sú z celého Slovenska i od Slovákov žijúcich v zahraničí, originálne slovenské aj preložené z iných jazykov. Na špecifické výskumy sa z hlavného korpusu *prim-*-all* tvoria samostatné podkorpusy:

- *sane* – neobsahuje lingvistické texty, texty bez diakritiky, texty od zahraničných Slovákov a pod.;
- *vyv* – publicistické, umelecké a odborné texty sú zastúpené tretinovým podielom;
- *inf* – iba publicistické texty;
- *prf* – iba odborné texty;
- *img* – iba umelecké texty;
- *skimg* – iba pôvodné slovenské umelecké texty.

Použitie textov v Slovenskom národnom korpuse sa riadi ustanoveniami slovenského autorského zákona.

Textom a textovým jednotkám v korpuse sa štandardne priraďuje vonkajšia: bibliografická a štýlovo-žánrová anotácia [24] a vnútorná, morfologická alebo morfosyntaktická anotácia [25]. Všetky slová sú lematizované.

3.5.2 Slovenský hovorený korpus

Databáza hovoreného korpusu [26] obsahuje zvukové záznamy spontánnych aj (polo)pripravených prejavov z celého územia Slovenska a ich textové prepisy. V prepisoch sú výberovo zachytené špecifické vlastnosti hovorenej reči: nepravidelná štruktúra výpovede, výslovnostné varianty, prostriedky modulácie reči, prítomnosť nejazykových prvkov. Slovenský hovorený korpus poskytuje materiál na výskum a opis reálnej podoby súčasnej štandardnej hovorenej slovenčiny.

3.5.3 Slovenská terminologická databáza

V Slovenskej terminologickej databáze [27] sa nachádzajú slovenské termíny a relevantné terminologické informácie z viacerých disciplín. Databáza slúži na ustaľovanie a zjednocovanie terminologických sústav na základe spolupráce odborníkov z príslušných vecných oblastí a lingvistov, jej cieľom je sumarizácia a štandardizácia terminológie na Slovensku. Termíny sa do databázy získavajú aj zo špecializovaných odborných korpusov (korpus právnych textov, korpus ekonomických textov a pod.).

3.5.4 Paralelné korpusy

V rámci Slovenského národného korpusu je aktuálne prístupný slovensko-ruský [28], slovensko-francúzsky [29], slovensko-anglický [30] a slovensko-český [31] paralelný korpus.

3.5.5 Lingvistické zdroje

Najznámejším a najvyužívanejším produktom elektronizácie jazykovedného výskumu na Slovensku je bezplatne prístupný súbor elektronických verzií aktuálnych vydaní Krátkeho slovníka slovenského jazyka, Pravidiel slovenského pravopisu, Synonymického slovníka slovenčiny, Slovníka cudzích slov, staršieho Slovníka slovenského jazyka [32], ako aj ďalších slovníkových diel, monografií, zborníkov a lingvistických časopisov [33]. Do databázy lingvistických zdrojov smeruje v priemere 40 000 dopytov denne.

4

JAZYKOVÉ TECHNOLÓGIE NA PODPORU SLOVENČINY

Jazykové technológie sú informačné technológie, ktoré sa zameriavajú na prácu s ľudským jazykom, preto sa tieto technológie často zaraďujú pod pojem ľudské jazykové technológie. Ľudský jazyk existuje v hovorenej a písomnej forme. Kým reč je najstarší a najprirodzenejší spôsob jazykovej komunikácie, komplexné informácie a súhrn ľudského poznania sa zaznamenávajú a prenášajú vo forme písomných textov. Rečové a textové technológie spracúvajú alebo produkujú jazyk v uvedených dvoch formách. Avšak jazyk má aj črty, ktoré sú spoločné pre -hovorenú aj písanú formu, napr. slovníky obsahujú zväčša gramatiku, ale zároveň opisujú aj význam viet. Veľkú časť jazykových technológií teda nemožno zaradiť výlučne pod rečovú alebo textovú technológiu. Znalostné technológie sú technológie, ktoré spájajú jazyk s vedomosťami. Obrázok 2 znázorňuje záber jazykových technológií. V našej komunikácii miešame jazyk s inými druhmi komunikácie a ďalšími informačnými médiami. Reč kombinujeme s gestami a výrazmi tváre. Texty je možné kombinovať s obrázkami a zvukmi. Filmy môžu obsahovať jazyk v hovorenej aj písomnej forme. Rečové a textové technológie sa teda prekrývajú a pôsobia v interakcii s mnohými ďalšími technológiami, ktoré uľahčujú spracovanie multimodálnej komunikácie a multimediálnych dokumentov. V tejto časti sa budeme zaoberať hlavnými aplikačnými oblasťami jazykových technológií, ako sú kontrola pravopisu, vyhľadávanie na webe, syntéza reči a strojový preklad. Tieto aplikácie a základné technológie zahŕňajú:

- opravu pravopisu
- systém autorskej podpory
- výučbu cudzích jazykov s využitím informačných technológií
- získavanie informácií
- extrakciu informácií
- sumarizáciu textu
- zodpovedanie otázok
- rozpoznávanie reči
- syntézu reči.

O jazykových technológiách, o ktoré sa zaujíma aj veda a výskum, existuje značné množstvo literatúry. Čitateľ si ju v prípade záujmu môže vyhľadať v referenciách: [34, 35, 36, 37, 38].

Predtým ako sa budeme zaoberať spomínanými aplikačnými oblasťami, stručne opíšeme architektúru typického systému jazykových technológií.

4.1 ARCHITEKTÚRA APLIKÁCIÍ

Typické softvérové aplikácie na spracovanie jazyka sa skladajú z niekoľkých zložiek, ktoré odrážajú rôzne aspekty jazyka a úlohu, ktorú plnia. Obrázok 3 zobrazuje veľmi zjednodušenú architektúru, ktorú možno nájsť v systéme na spracovanie textu. Prvé tri moduly sa zaoberajú štruktúrou a významom textového vstupu:

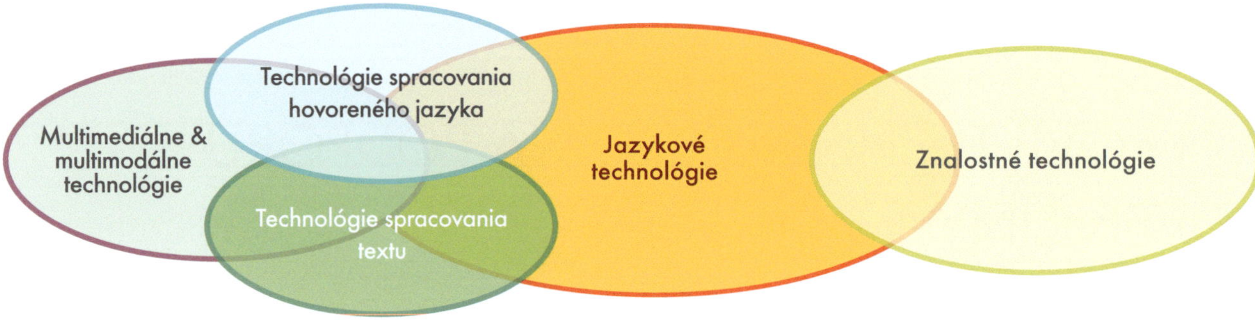

2: Záber jazykových technológií

- Predbežné spracovanie: vyčistenie dát, odstránenie formátovania, detekcia vstupného jazyka, detekcia chýbajúcej diakritiky atď.
- Gramatická analýza: hľadanie slovesa a jeho prislúchajúceho predmetu alebo zvratného zámena atď.; zistenie vetnej štruktúry.
- Sémantická analýza: odstránenie viacznačnosti (Ktorý význam slova *mier* je správny v danom kontexte?), vyriešenie anafory a odkazujúcich výrazov ako *on*, *to auto* atď.; prezentácia významu vety v strojovo čitateľnej forme.

Moduly na špecifické úlohy potom vykonávajú rôzne operácie, ako je automatická sumarizácia vstupného textu, databázové hľadania a mnoho ďalších. Ďalej ukážeme základné aplikačné oblasti a zdôrazníme ich základné moduly. Opäť pripomíname, že architektúry aplikácií sú veľmi zjednodušené a idealizované pre vyjadrenie komplexnosti aplikácií jazykových technológií všeobecne zrozumiteľným spôsobom.

Po predstavení základných aplikačných oblastí poskytneme stručný prehľad situácie jazykových technológií v oblasti výskumu a vzdelávania, pričom na záver uvedieme prehľad minulých a prebiehajúcich výskumných programov. Na konci tejto časti budeme prezentovať odborný odhad situácie oblasti základných nástrojov a zdrojov jazykových technológií z viacerých hľadísk, napríklad z hľadiska dostupnosti, zrelosti alebo kvality. Situácia jazykových technológií pre slovenčinu je zobrazená v tabuľke na obrázku 9 na konci tejto kapitoly (s. 31). Tabuľka poskytuje prehľad všetkých nástrojov a zdrojov, ktoré sú v texte zvýraznené tučným písmom. Jazykové technológie pre slovenčinu sú porovnané s inými jazykmi, ktoré sú taktiež súčasťou tejto série.

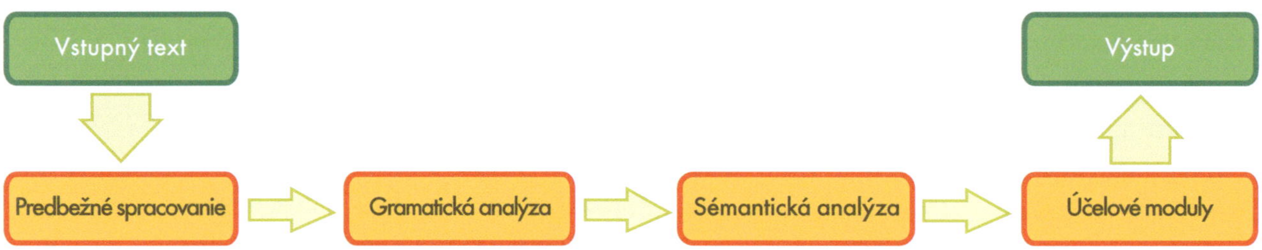

3: Typická architektúra aplikácie na spracovanie textu

4.2 ZÁKLADNÉ APLIKAČNÉ OBLASTI

4.2.1 Kontrola pravopisu

Každý, kto používa kancelársky balík, ako napríklad LibreOffice, už pravdepodobne narazil na funkciu Kontrola pravopisu a gramatiky, ktorá poukazuje na pravopisné chyby a navrhuje ich opravu. 40 rokov po tom, čo Ralph Gorin uviedol prvý program na kontrolu pravopisu, sa tieto programy jazyka stali oveľa sofistikovanejšími a už nepracujú len na princípe porovnávania zoznamu vybraných slov s pravopisným slovníkom. Oproti jazykovo závislým algoritmom na zvládnutie morfológie (napr. tvorenie plurálu) existujú aj algoritmy schopné rozpoznať syntaktické chyby, typu chýbajúce sloveso alebo sloveso nezhodné s podmetom v osobe a čísle, ako to môžeme pozorovať napríklad aj vo vete 'She *write a letter.' („Ona písať list."). Najdostupnejšie funkcie kontroly pravopisu (vrátane uplatnených v balíku LibreOffice) však v nasledujúcej prvej strofe básne Jerrolda H. Zara založenej na homofónii nenájdu žiadnu chybu (1992) [39]:

Eye have a spelling chequer
It came with my Pea Sea.
It plane lee marks four my revue
Miss Steaks I can knot sea.

Na spracovanie tohto typu chýb je v mnohých prípadoch potrebná analýza daného kontextu, ktorá je napríklad potrebná aj na rozhodnutie, či sa má isté slovo písať s „y" alebo s „i", ako napríklad v príslovi:

Kto chce psa biť, palicu si nájde.
Kto chce psom byť, pána si nájde.

Takýto postup si vyžaduje buď formuláciu gramatických pravidiel špecifických pre daný jazyk, čo zároveň predpokladá vysoký stupeň expertízy a manuálnej práce, alebo využitie takzvaného štatistického jazykového modelu. Takéto modely prepočítavajú možnosť výskytu istého slova v danom kontexte (tzn. s predchádzajúcimi a nasledujúcimi slovami). Napríklad, *chce psom byť* je oveľa pravdepodobnejší sled slov ako *chce psom biť* a naopak, *chce psa biť* je oveľa pravdepodobnejšia vetná konštrukcia než *chce psa byť* (napriek tomu by sme nepochybne dokázali vymyslieť kontexty, v ktorých sú gramaticky správne všetky štyri uvedené fragmenty). Štatistický jazykový model môže byť automaticky derivovaný využívaním veľkého množstva (korektných) jazykových dát (t. j. korpusu). Tieto prístupy však boli vyvinuté a hodnotené len na anglických jazykových dátach a nedajú sa automaticky priamo aplikovať na slovenčinu s jej nestálym slovosledom a bohatou flexiou.

Používanie funkcie Kontrola pravopisu a gramatiky nie je obmedzené len na nástroje spracovania textu, ale využíva sa aj v autorských systémoch. Spolu s rastúcim počtom technických produktov sa za posledné obdobie rapídne zvýšil aj počet technickej dokumentácie. Strach spoločností zo sťažností zákazníkov a z nárokov na náhradu škody, ktorá bola zapríčinená nesprávnymi alebo

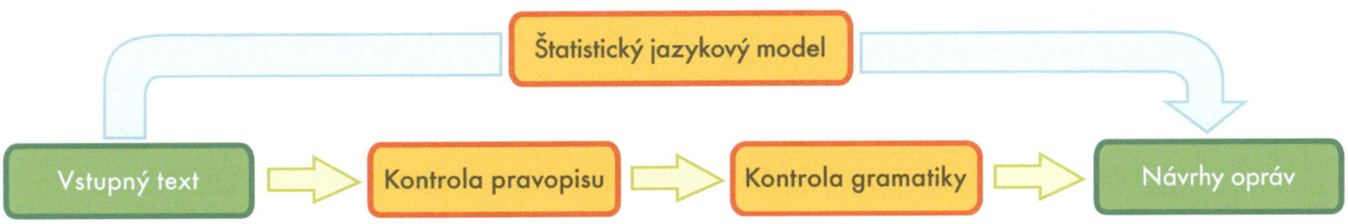

4: Kontrola pravopisu a gramatiky (štatistická; na báze pravidiel)

nesprávne pochopenými inštrukciami, spôsobil, že sa spoločnosti začali viac sústreďovať na kvalitu technickej dokumentácie a zároveň na medzinárodný trh. Pokroky v spracovávaní prirodzeného jazyka vedú k rozvoju autorského podporného softvéru, ktorý slúži zostavovateľovi technickej dokumentácie na využívanie slovnej zásoby a vetných štruktúr v súlade s istými pravidlami a terminologickými obmedzeniami.

Funkcie kontroly pravopisu a gramatiky pre slovenský jazyk sú väčšinou založené na slovníku základných slovných tvarov (lem) a súbore pravidiel na odvodenie ostatných tvarov

Existujúce zariadenia kontroly pravopisu a gramatiky pre slovenský jazyk sú väčšinou založené na slovníku základných slovných tvarov (lem) skombinovanom so súborom morfologických pravidiel, ktorý umožňuje analýzu alebo generovanie všetkých (správnych) slovných tvarov. Hoci sa zdá tento jednoduchý uspokojivý, má dve zásadné nevýhody. Prvou nevýhodou je nesprávne určenie zdanlivo správnych slovných tvarov v dôsledku nesprávneho kontextu. Druhou nevýhodou je neschopnosť rozlišovať skutočné pravopisné chyby od správnych slovných tvarov, ktoré však nie sú obsiahnuté v slovníku. Takéto slová však budú vzhľadom na prirodzené pribúdanie nových slov, vedeckých a technických termínov v lexikóne existovať stále.
Okrem kontroly pravopisu a autorskej podpory je funkcia kontrola pravopisu a gramatiky takisto dôležitá v oblasti výučby jazyka. Aplikácie na kontrolu gramatiky a pravopisu taktiež dokážu pri preklepoch navrhnúť správne slovo, napríklad Google frázou „Mali ste na mysli..."

4.2.2 Vyhľadávanie na webe

Vyhľadávanie na webe, intranete alebo v digitálnych knižniciach je dnes pravdepodobne najpoužívanejšia, no zároveň najmenej vyvinutá jazyková technológia. Google Vyhľadávač, ktorý vznikol v roku 1998, sa v súčasnosti využíva na vyhľadávanie 80 % všetkých vyhľadávacích dopytov po celom svete. V roku 2006 sa sloveso *googlovať/googliť* len veľmi tesne nestihlo zaradiť do prvého zväzku nového *Slovníka súčasného slovenského jazyka*, čo sa jeho autorom neustále vyčítalo. Od prvej verzie Google sa dlhšiu dobu výrazne nezmenilo ani rozhranie vyhľadávania, ani zobrazovanie získaných výsledkov. V súčasnej verzii ponúka Google opravu pravopisu nesprávne napísaných hľadaných slov a v roku 2009 začal vo svojich algoritmoch pracovať aj so základnou sémantickou analýzou [40], čo môže zvýšiť presnosť vyhľadávania analyzovaním významu požadovaných výrazov v kontexte. Úspech spoločnosti Google poukazuje na fakt, že s veľkým množstvom dostupných dát a s efektívnymi technikami na zaraďovanie týchto dát môže prevažne štatisticky založený prístup viesť k uspokojivým výsledkom.

Pre sofistikovanejšie požadovanie informácií je však nevyhnutné integrovať hlbšie jazykové vedomosti. Experimenty vo výskumných laboratóriách s používaním strojovo čitateľných tezaurov a ontologických jazykových zdrojov ako WordNet ukázali, že je možné zvýšiť úspešnosť vyhľadávania umožnením vyhľadať stránku na základe synoným vyhľadávaných výrazov, napr. *jadrová, atómová* a *nukleárna energia* alebo dokonca aj nie veľmi súvisiacich pojmov.

Budúca generácia vyhľadávačov musí zahrnúť oveľa sofistikovanejšie jazykové technológie. Ak hľadaná požiadavka nepozostáva zo zoznamu kľúčových slov, ale z otázky alebo z iného typu vety, získavanie relevantnej odpovede na danú požiadavku si vyžaduje syntaktickú a sémantickú analýzu tejto vety, ako aj dostupnosť indexu, ktorý by počítal s rýchlym získaním relevantných dokumentov. Predstavte si napríklad zadanú vstupnú požiadavku „Dajte mi zoznam spoločností, ktoré boli za posledných (niektorí ľudia by tu dokonca použili

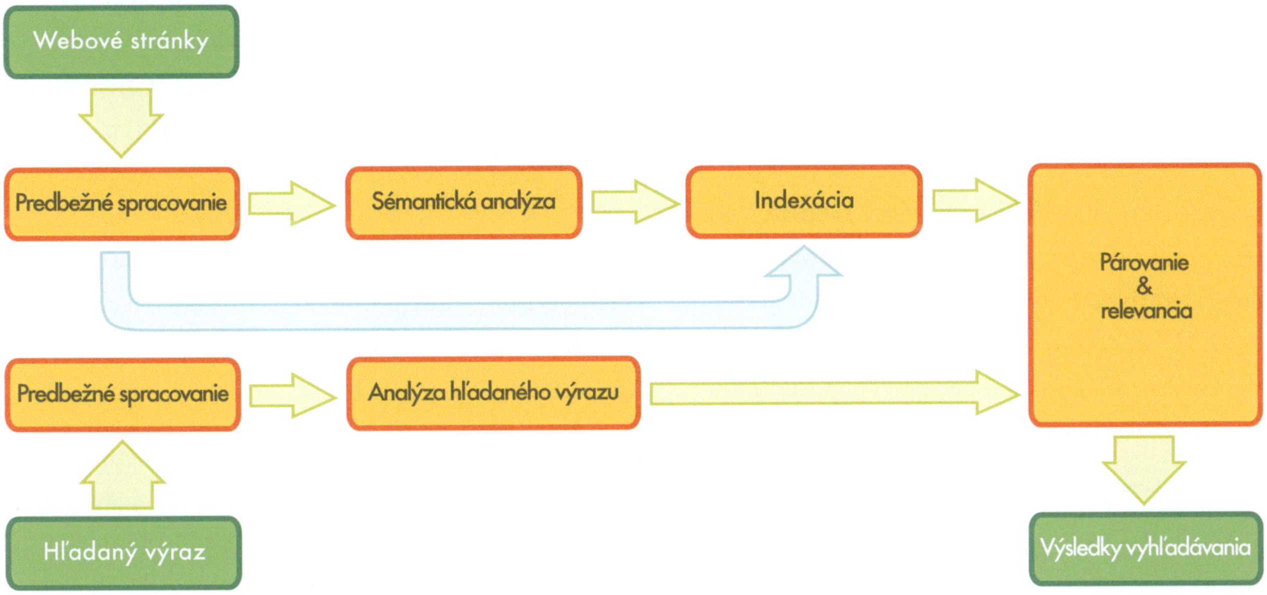

5: Architektúra vyhľadávania na webe

výraz „ostatných“ – ideálny vyhľadávací systém by si s tým vedel poradiť) päť rokov odkúpené inými spoločnosťami“. Pre uspokojujúcu odpoveď je potrebná syntaktická analýza na určenie gramatických štruktúr vety a stanovenie faktu, že zadávateľ hľadá spoločnosti, ktoré boli odkúpené, a nie spoločnosti, ktoré ich odkúpili. Podobne musí byť spracovaný aj výraz *posledných päť rokov*, aby sa zistilo, na ktoré roky sa výraz vzťahuje.

Budúca generácia vyhľadávačov musí zahrnúť oveľa sofistikovanejšie jazykové technológie

Pre úspešné vyhľadanie požadovanej informácie sa napokon musí spracovaná požiadavka porovnať s obrovským množstvom neštruktúrovaných dát, v ktorých by sa vyhľadala aspoň časť požadovanej informácie. To sa často označuje termínom získavanie informácií a zahŕňa vyhľadávanie a posúdenie relevantných dokumentov. Navyše, ak chceme získať zoznam spoločností, potrebujeme extrahovať informácie, že určitý reťazec slov v dokumente sa vzťahuje na názov spoločnosti. Tento druh informácie nám sprístupňujú takzvané rozpoznávače pomenovaných entít.

Ešte náročnejší je pokus spojiť zadávateľovu požiadavku s dokumentmi napísanými v inom jazyku. Pre medzijazykové získanie informácií musí byť požiadavka automaticky preložená do všetkých možných východiskových jazykov a získaná informácia musí byť prenesená späť do cieľového jazyka. Rastúce percento dát dostupných v netextových formátoch zvyšuje dopyt po službách umožňujúcich získavanie multimediálnych informácií, tzn. vyhľadávanie obrázkov, zvukových a obrazových dát. Pri zvukových a obrazových súboroch ide o modul **rozpoznávania reči** na konvertovanie rečového obsahu do textovej alebo fonetickej podoby, ktorá by zodpovedala požiadavkám zadávateľa.

Na Slovensku existovali viaceré firmy, ktoré rozvíjali technológie vyhľadávania, alebo sa takisto používali vyhľadávacie technológie vyvinuté českými firmami. Prvý slovenský vyhľadávač , ktorý začal brať do úvahy slovenskú morfológiu (systém bol vyvinutý na Matematicko-fyzikálnej fakulte Karlovej univerzity v Prahe), bol *morfeo.sk*, prevádzkovaný internetovým portálom *centrum.sk*, ktorý začal poskytovať fulltextové vyhľadávanie webových stránok s doménou *.sk* v roku 2003. Na vyhľadávanie ohýbaných slov využíval lematizáciu a morfologickú anotáciu, aby tak používateľovi poskytol relevantnejšie výsledky ako len tie, ktoré zahŕňali iba základnú formu slov. Taktiež disponoval fuzzy vyhľadávaním. Do roku 2009 presiahol počet indexovaných stránok 117 miliónov, pretože už vtedy Google zahrnul podporu slovenskej morfológie, prevýšil počet indexovaných stránok a *centrum.sk* prešlo na Google Vyhľadávanie.

V tejto oblasti pracuje napríklad Forma, s. r. o. [41], ktorá na báze dát z Jazykovedného ústavu Ľ. Štúra SAV vypracovala lingvistické moduly: jazykový korektor, rozdeľovač slov, lematizátor a slovník synoným. Takisto má samostatné produkty na fulltextové vyhľadávanie v slovenčine a doteraz prevádzkuje vyhľadávanie v starších verziách niektorých slovníkov.

Pozornosť pri rozvoji vyhľadávacích technológií sa kladie na poskytovanie doplnkov a moderných vyhľadávačov pre záujmovo špecifické portály, pričom sa čo najviac využíva sémantika relevantná pre danú oblasť. Vzhľadom na vysoké nároky na výpočtový výkon sa takéto vyhľadávače využívajú len v relatívne malých **textových korpusoch**. Časom spracovania a tisícnásobným rozsahom ľahko prekoná bežný štatistický vyhľadávač, aký poskytuje napríklad Google. Tieto vyhľadávače majú vysoké nároky aj na modelovanie tematicky zameranej domény, čo znemožňuje používať tieto mechanizmy na webe. Tejto oblasti výskumu sa venuje hlavne Ústav informatiky SAV, kde sa v roku 2006 začali venovať oblasti spracovania písaného prirodzeného jazyka. V tom čase sa inicioval aj vznik workshopov WIKT [42], ktorých súčasťou je v každom ročníku vydávanie niekoľkých článkov alebo celej sekcie venovanej spracovaniu slovenského jazyka. Výskum v ÚI SAV v spolupráci s Univerzitou Pavla Jozefa Šafárika v Košiciach sa od r. 2006 rozvíjal hlavne v rámci projektu NAZOU [43], kde sa tvorili nástroje na získanie, spracovanie, organizovanie a prezentáciu informácií z internetu. Konkrétnou aplikáciou boli pracovné ponuky, nástroje sa testovali aj na textoch slovenských pracovných ponúk. V ÚI SAV bola vypracovaná analýza spracovania slovenčiny [44] a zároveň bol vyvinutý nástroj na extrakciu informácií Ontea [45, 46, 47], ktorý bol integrovaný s nástrojmi na identifikáciu jazyka [48] a nástrojom na lematizáciu [49].

Ontea pracuje na základe hľadania vzorov. Tieto vzory môžu byť jednak jazykovo závislé vzory, ako napríklad použitie predložiek, vetná skladba, ale aj jednoduchšie vzory typu použitie veľkých písmen, skratiek, ako napríklad *s. r. o.*, *a. s.* na hľadanie firiem, *Sk*, *SKK*, *EUR*, *EURO*, *€* na hľadanie ceny, alebo skratiek slovenských krstných mien na hľadanie osôb v texte. Princíp je platný pre rôzne jazyky, ale vzory sa musia tvoriť pre konkrétny jazyk, napríklad slovenčinu. V súčasnosti bol nástroj Ontea rozvíjaný na spracovanie e-mailovej komunikácie. V rámci projektu AIIA [50, 51] bol systém otestovaný na slovenských e-mailoch firmy Anasoft a združenia SANET. Ontea používa nielen vzory, ale aj slovníky urbanoným (gazetteers), ako aj ich kombináciu na extrakciu a identifikáciu entít v texte. Pri použití slovníkov (ale aj niektorých typov hľadania) nastáva problém identifikácie entity, ak je v inom ako základnom tvare, preto je vhodné použiť lematizátor. Keďže ide hlavne o názvoslovné entity ako ľudia, miesta, názvy produktov, mená projektov alebo služieb, je ťažké ich lematizovať. Tieto problémy sa zatiaľ nepodarilo uspokojivo vyriešiť, je však možné riešiť ich novým spôsobom kombinácie slovníka, tokenizácie po znakoch, lematizácie a overenia entity v slovníku.

Extrakcia entít pomocou vzorov bola použitá aj v experimente na rozsiahlych dátach, keď sa spracúvali slovenské webové stránky s cieľom extrakcie geografických dát (slovenských adries) a následného vyhľadávania [52].

4.2.3 Rečová technológia

Rečová technológia tvorí základ na vytvorenie rozhrania, ktoré umožňuje používateľovi komunikovať so zariadeniami prostredníctvom hovoreného jazyka jednoduchšie než napríklad pomocou grafického displeja, klávesnice alebo myši. Dnes sa takéto hlasové používateľské rozhrania používajú na plne alebo čiastočne automatizované ponuky služieb poskytované spoločnosťami ich zákazníkom, zamestnancom alebo partnerom na telefóne. Obchodné činnosti, ktoré vo veľkej miere závisia od hlasových používateľských rozhraní, sú bankovníctvo, logistika, verejná doprava a telekomunikácie. Iné využitia technológie rečovej interakcie sú rozhrania pre špeciálne zariadenia, napríklad navigačné systémy do áut či uplatnenie hovoreného jazyka ako alternatívy k vstupno-výstupným modalitám grafických používateľských rozhraní, napríklad v smartphonoch alebo tabletoch.

Vo svojej podstate pozostáva rečová interakcia zo štyroch rôznych technológií:

- Automatické **rozpoznávanie reči** zodpovedá za určenie, ktoré slová v slede zvukov vypovedaných používateľom boli aktuálne hovorené.
- Syntaktická analýza a sémantická interpretácia sa zaoberajú analyzovaním syntaktickej štruktúry výpovede používateľa a jej interpretáciou podľa účelu príslušného systému.
- Dialógový manažment je potrebný pri určovaní opatrení, ktoré by sa mali podniknúť na strane systému, s ktorým používateľ komunikuje, vzhľadom na vstup používateľa a funkčnosť systému.
- **Syntéza reči** (Text-to-Speech, TTS) sa uplatňuje na transformovanie textovej výpovede do zvukovej formy, ktorá bude pre používateľa výstupom.

Jednou z najväčších výziev je vytvoriť systém automatického rozpoznávania reči, ktorý by dokázal čo najpresnejšie rozpoznať používateľove slová. To si vyžaduje buď obmedzenie možných výpovedí používateľa na limitovaný súbor kľúčových slov, alebo manuálne vytvorenie jazykových modelov, ktoré by pokrývali veľké množstvo prirodzených výpovedí v jazyku používateľa. Základnou požiadavkou pre dobrý výkon je takisto dobre natrénovaný akustický model založený na obrovskom množstve zaznamenaných dát rozlišujúcich prízvuk, vekovú skupinu, pohlavie atď. Kým prvá možnosť vedie skôr k strnulému a nepružnému využívaniu hlasového používateľského rozhrania a pravdepodobne by ju používatelia dobre neprijali, tvorenie, ladenie a zlepšovanie akustických a jazykových modelov by zas výrazne zvýšilo náklady. Hlasové používateľské rozhrania, ktoré využívajú jazykové modely a dovoľujú na začiatku používateľovi flexibilne vyjadriť svoju potrebu – po vyzvaní napríklad frázou „Ako vám môžem pomôcť“ – vykazujú lepšiu možnosť automatizácie, aj lepšiu akceptáciu používateľmi, a teda majú výhodu oproti než menej flexibilnému prístupu riadeného dialógu. Výnimku tvoria tzv. embedded systémy, ktoré vyžadujú na ovládanie relatívne málo príkazov. V takom prípade je použitie jazykových modelov skôr nevýhodou a aj dnes sa takéto systémy úspešne budujú s použitím **gramatík**.

Pre výstupné časti hlasového používateľského rozhrania inklinujú spoločnosti k používaniu vopred nahraných výpovedí profesionálov – ideálne registrovaných hovoriacich. V prípade statických výpovedí, ktorých obsah nezávisí od kontextu použitia alebo od osobných údajov daného používateľa, bude výsledkom vysoká spokojnosť používateľa. Čím dynamickejší bude obsah výpovede, tým väčšie problémy môže mať používateľ s nejasnou prozódiou vyplývajúcou z reťazenia jednotlivých zvukových segmentov. Dnešné systémy na syntézu reči sa vzhľadom na optimalizovateľnú prozodickú prirodzenosť dynamických výpovedí javia ako lepšie.

Trh technológií rečovej interakcie prešiel počas poslednej dekády silnou štandardizáciou rozhraní medzi odlišnými technologickými komponentmi, ako aj štan-

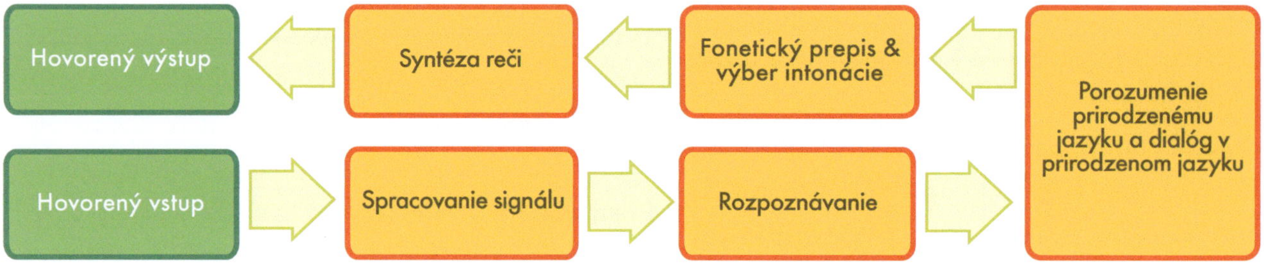

6: Architektúra jednoduchého dialógového systému

dardmi na tvorenie daných softvérových artefaktov pre danú aplikáciu. Za posledných desať rokov takisto prebieha silná konsolidácia trhu, hlavne v oblasti automatického rozpoznávania reči a syntézy reči. Národné trhy krajín G20, tzn. ekonomicky silných krajín so značnou populáciou, sú celosvetovo ovládané niekoľkými veľkými súpermi, pričom Nuance, Google a Microsoft patria dnes medzi najvýznamnejšie.

Na Slovensku má **rozpoznávanie reči** dlhú históriu, ale vykonávalo sa len na pôde univerzít a vo vedeckých inštitúciách. Väčšina z nich sa sústreďuje na základný výskum a riešenia špecifických problémov rozpoznávania reči. Oddelenie analýzy a syntézy reči Ústavu informatiky Slovenskej akadémie vied ako účastník projektu SpeechDat-E sa sústreďuje prevažne na akustické modely telefónnych systémov. S rastúcim množstvom iných rečových nahrávok, ako napríklad parlamentné diskusie, sa ústav pomocou existujúcich nástrojov na rozpoznávanie reči snaží vytvoriť širšie použiteľné akustické modely pre prepis diktovaného textu. Hlavný dôraz sa kladie na rozpoznávanie reči závislé od rečníka. Katedra elektroniky a multimediálnych komunikácií Slovenskej Technickej univerzity v Bratislave sa sústreďuje hlavne na spracovanie rečového signálu v podmienkach hluku (detekcia reči/hluku, extrahovanie atď.). Okrem mnohého iného vytvorila katedra aj početné malé systémy na rozpoznávanie reči, aby mohla porovnávať ich výkonnosť a použiteľnosť na rozpoznávanie voľnej reči v slovenskom jazyku. Na Technickej univerzite v Košiciach existujú viaceré katedry, ktoré sa sústreďujú na automatické rozpoznávanie reči. Katedra telekomunikácií Slovenskej technickej univerzity sa pôvodne zameriavala na základný výskum digitálneho spracovania rečového signálu, ktorý postupne svoj výskum zamerala na rozvoj rečových interaktívnych systémov.

Katedra vytvorila v spolupráci so Slovenskou akadémiou vied, Slovenskou technickou univerzitou a Žilinskou univerzitou inteligentný komunikačný rečový systém, ktorý je prístupný verejnosti v slovenskom jazyku a demonštruje rečové interaktívne systémy pri telefonovaní. V súčasnosti je na katedre jedným z jej najpozoruhodnejších produktov v oblasti jazykového modelovania systém na rozpoznávanie plynulej reči. Bázou jazykového modelu je korpus pozostávajúci z $2 \cdot 10^9$ tokenov.

Druhé významné pracovné miesto na Technickej univerzite v Košiciach je Katedra kybernetiky a umelej inteligencie, kde bol pre slovenčinu vytvorený prvý rečový dialógový informačný systém a fonetická abeceda SAMPA. Dnes na katedre zohrávajú aktivity týkajúce sa rozpoznávania reči okrajovú rolu. Katedra aplikovanej matematiky a štatistiky na Fakulte matematiky, fyziky a informatiky Univerzity Komenského v Bratislave pracuje predovšetkým na rozpoznávaní reči prostredníctvom izolovaných slov detských hlasov. Výsledky boli aplikované vo vzdelávacom procese na verifikovanie textu čítaného deťmi. Zo zvukových dát zaznamenaných pre akustický modelový nácvik boli vytvorené len dve rečové databázy (*Alica* a *Viktória*). Hlavná inštitúcia na **rozpoznávanie reči** na Žilinskej univerzite je Katedra telekomunikácií a multimédií. Jej tím sa zameriava predovšetkým na spracovanie digitálneho signálu pre rozpoznanie reči a rozpoznávanie izolovaných slov pomocou použitia skrytých Markovovských modelov.

Úzka spolupráca medzi Katedrou elektroniky a multimediálnych komunikácií TU v Košiciach a Oddelením analýzy a syntézy reči Ústavu informatiky Slovenskej akadémie vied vyústila do prvých viditeľných úspechov rozvoja systému na rozpoznávanie plynulej reči. Výsledkom spolupráce je automatický systém prepisovania reči, ktorý možno využiť v oblasti súdnictva.

Z komerčných systémov na **rozpoznávanie reči** v slovenčine stojí za pozornosť produkt českej firmy Newton Technologies, ktorý možno považovať za prvý systém prepisovania v slovenčine, ktorý je nezávislý od rečníka.

Odhliadnuc od súčasného stavu technológie môžeme konštatovať, že v blízkej budúcnosti nastanú výrazné zmeny, ktoré budú okrem vplyvov telefónu, internetu a e-mailových spojení podnietené hlavne rozšírením smartphonov ako novej platformy na manažovanie zákazníckych vzťahov. Tento trend ovplyvní aj využívanie technológií rečovej interakcie. Na jednej strane sa dopyt po hlasových používateľských rozhraniach na telefonickej báze postupom času zníži, na druhej strane používanie hovoreného jazyka ako užívateľsky komfortnej vstupnej modality pre smartphony výrazne získa na dôležitosti. Tento trend je podporovaný aj očividným zlepšením kvality **rozpoznávania reči** nezávisle od hovoriaceho, a to pre potreby diktovania, ktoré sa už ponúkajú používateľom smartphonov ako centralizované služby. Ak posunieme outsourcing rozpoznávania reči do infraštruktúry aplikácií, využitie základných lingvistických technológií pre špecifické využitie pravdepodobne v porovnaní so súčasnosťou získa na dôležitosti.

4.2.4 Strojový preklad

S myšlienkou využívať digitálne počítače na preklad prirodzených jazykov prišiel v roku 1946 A. D. Booth a uchytila sa aj vďaka značnej finančnej podpore tejto oblasti v 50. a 80. rokoch 20. storočia. Napriek tomu sa **strojovému prekladu** nepodarilo splniť očakávania, ktoré naň boli kladené už v začiatočných rokoch po jeho vzniku.
Strojový preklad jednoducho nahrádza slová jedného prirodzeného jazyka slovami iného jazyka. To sa dá využiť v oblastiach s veľmi obmedzeným, stereotypným jazykom, akým je napríklad jazyk predpovede počasia. Pre dobrý preklad menej štandardizovaných textov však treba pričleniť väčšie textové celky (frázy, vety alebo dokonca celé pasáže) k ich najbližším náprotivkom v cieľovom jazyku. Hlavný problém tkvie vo fakte, že ľudský jazyk je dvojznačný. Jazyková dvojznačnosť prináša problémy na mnohých jazykových úrovniach, napríklad viacznačnosť slovných významov na lexikálnej rovine („Leopard" môže znamenať zviera alebo operačný systém) alebo pripojenie atribútov na syntaktickej rovine ako v príkladoch:

Otcovi priatelia neprišli, moji áno.
Otcovi priatelia neprišli, mne áno.

Jeden z možných prístupov k problému sa zakladá na lingvistických pravidlách. Pre preklad medzi blízko príbuznými jazykmi (ako však aj už uvedených príkladoch) je prípustná aj metóda priameho prekladu. Takéto systémy založené na pravidlách analyzujú vstupný text a vytvárajú „prostredníka", symbolickú reprezentáciu, z ktorej sa generuje text cieľového jazyka. Úspech týchto metód veľmi závisí od dostupnosti rozsiahlych lexikónov s morfologickými, syntaktickými a sémantickými

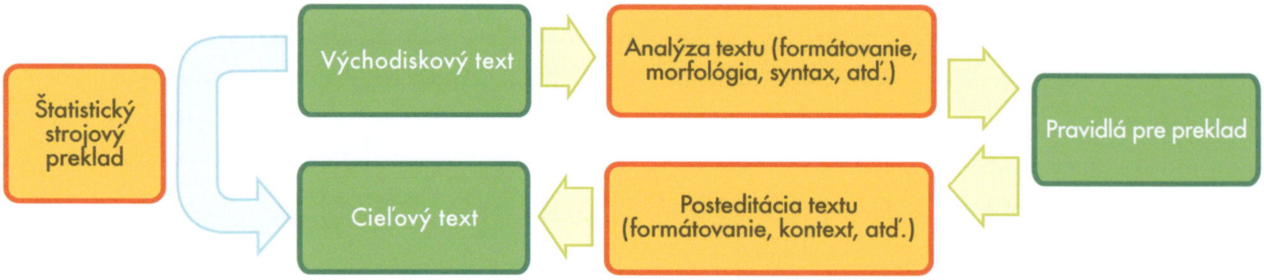

7: Strojový preklad (štatistický; založený na pravidlách)

údajmi a aj s veľkými súbormi gramatických pravidiel vypracovaných skúsenými lingvistami.

Koncom 80. rokov 20. storočia, teda v čase, keď sa počítače začali rozmáhať a stali sa cenovo dostupnejšie, zvýšil sa záujem o štatistické modely pre strojový preklad. Parametre týchto štatistických modelov sú odvodené z analýzy bilingválneho textového korpusu, akým je aj paralelný korpus Europarl, ktorý obsahuje rokovania Európskeho parlamentu v 21 európskych jazykoch. Ak dostane štatistický strojový preklad dostatok údajov, funguje dostatočne dobre na to, aby odvodil približný význam cudzieho jazyka v texte. Na rozdiel od systémov riadených znalosťami však štatistický (alebo dátami riadený) strojový preklad často generuje gramaticky nesprávne výstupy. Na druhej strane však okrem zníženej potreby ľudského úsilia na pravopisné písanie dokáže strojový preklad riadený dátami pokryť také špecifiká jazyka, akými sú napríklad idiomatické výrazy, ktoré zas chýbajú v systémoch riadených vedomosťami.

Keďže sa silné a slabé stránky strojového prekladu riadeného vedomosťami a strojového prekladu riadeného dátami navzájom dopĺňajú, v súčasnosti sa vedci usilujú kombinovaním oboch metód uplatniť hybridné postupy. To je uskutočniteľné mnohými spôsobmi. Jedným z nich je možnosť použiť oba typy systémov a nechať rozhodnúť výberový modul o najvhodnejšom výstupe pre každú vetu. Pre dlhšie vety však nebude dokonalý žiadny výsledok. Lepším riešením je preto skombinovanie najlepších častí každej vety z viacerých výstupov, čo však môže byť značne zložité, keďže korešpondujúce časti rozličných alternatív nie sú vždy zrozumiteľné a musia byť nanovo usporiadané.

V 90. rokoch 20. storočia bol navrhnutý prototyp strojového prekladu medzi blízko príbuznou češtinou a slovenčinou na Karlovej univerzite v Prahe.

TEOS Trenčín uviedol na trh prvý praktický mnohojazyčný softvér strojového prekladu pre slovenský jazyk spolu s ich PC slovníkovým softvérom. Keďže však systém nepoužíval nijakú hlbšiu lingvistickú analýzu a jednoducho nahrádzal slová jedného jazyka slovami druhého jazyka (zväčša obmedzené len na lemy), jeho uplatnenie sa obmedzovalo len na jazyky, ktoré nedisponujú bohatým morfologickým systémom, t.j. na angličtinu. Novšie verzie vedia prekladať webové stránky za behu, čo je funkcia mimoriadne užitočná pre anglicko-slovenské preklady (zároveň jediný fungujúci smer prekladu).

Kvalita systémov strojového prekladu disponuje stále obrovským potenciálom na zlepšenie

Kvalita systémov strojového prekladu disponuje stále obrovským potenciálom na zlepšenie. Súčasné výzvy spočívajú hlavne v adaptabilite jazykových zdrojov na danú doménu alebo používateľskú oblasť a v ich integrácii do existujúceho pracovného toku výrazových

	Cieľový jazyk – Target language																				
	EN	BG	DE	CS	DA	EL	ES	ET	FI	FR	HU	IT	LT	LV	MT	NL	PL	PT	RO	SK	SL	SV
EN	–	40.5	46.8	52.6	50.0	41.0	55.2	34.8	38.6	50.1	37.2	50.4	39.6	43.4	39.8	52.3	49.2	55.0	49.0	44.7	50.7	52.0
BG	61.3	–	38.7	39.4	39.6	34.5	46.9	25.5	26.7	42.4	22.0	43.5	29.3	29.1	25.9	44.9	35.1	45.9	36.8	34.1	34.1	39.9
DE	53.6	26.3	–	35.4	43.1	32.8	47.1	26.7	29.5	39.4	27.6	42.7	27.6	30.3	19.8	50.2	30.2	44.1	30.7	29.4	31.4	41.2
CS	58.4	32.0	42.6	–	43.6	34.6	48.9	30.7	30.5	41.6	27.4	44.3	34.5	35.8	26.3	46.5	39.2	45.7	36.5	43.6	41.3	42.9
DA	57.6	28.7	44.1	35.7	–	34.3	47.5	27.8	31.6	41.3	24.2	43.8	29.7	32.9	21.1	48.5	34.3	45.4	33.9	33.0	36.2	47.2
EL	59.5	32.4	43.1	37.7	44.5	–	54.0	26.5	29.0	48.3	23.7	49.6	29.0	32.6	23.8	48.9	34.2	52.5	37.2	33.1	36.3	43.3
ES	60.0	31.1	42.7	37.5	44.4	39.4	–	25.4	28.5	51.3	24.0	51.7	26.8	30.5	24.6	48.8	33.9	57.3	38.1	31.7	33.9	43.7
ET	52.0	24.6	37.3	35.2	37.8	28.2	40.4	–	37.7	33.4	30.9	37.0	35.0	36.9	20.5	41.3	32.0	37.8	28.0	30.6	32.9	37.3
FI	49.3	23.2	36.0	32.0	37.9	27.2	39.7	34.9	–	29.5	27.2	36.6	30.5	32.5	19.4	40.6	28.8	37.5	26.5	27.3	28.2	37.6
FR	64.0	34.5	45.1	39.5	47.4	42.8	60.9	26.7	30.0	–	25.5	56.1	28.3	31.9	25.3	51.6	35.7	61.0	43.8	33.1	35.6	45.8
HU	48.0	24.7	34.3	30.0	33.0	25.5	34.1	29.6	29.4	30.7	–	33.5	29.6	31.9	18.1	36.1	29.8	34.2	25.7	25.6	28.2	30.5
IT	61.0	32.1	44.3	38.9	45.8	40.6	26.9	25.0	29.7	52.7	24.2	–	29.4	32.6	24.6	50.5	35.2	56.5	39.3	32.5	34.7	44.3
LT	51.8	27.6	33.9	37.0	36.8	26.5	21.1	34.2	32.0	34.4	28.5	36.8	–	40.1	22.2	38.1	31.6	31.6	29.3	31.8	35.3	35.3
LV	54.0	29.1	35.0	37.8	38.5	29.7	8.0	34.2	32.4	35.6	29.3	38.9	38.4	–	23.3	41.5	34.4	39.6	31.0	33.3	37.1	38.0
MT	72.1	32.2	37.2	37.9	38.9	33.7	48.7	26.9	25.8	42.4	22.4	43.7	30.2	33.2	–	44.0	37.1	45.9	38.9	35.8	40.0	41.6
NL	56.9	29.3	46.9	37.0	45.4	35.3	49.7	27.5	29.8	43.4	25.3	44.5	28.6	31.7	22.0	–	32.0	47.7	33.0	30.1	34.6	43.6
PL	60.8	31.5	40.2	44.2	42.1	34.2	46.2	29.2	29.0	40.0	24.5	43.2	33.2	35.6	27.9	44.8	–	44.1	38.2	38.2	39.8	42.1
PT	60.7	31.4	42.9	38.4	42.8	40.2	60.7	26.4	29.2	53.2	23.8	52.8	28.0	31.5	24.8	49.3	34.5	–	39.4	32.1	34.4	43.9
RO	60.8	33.1	38.5	37.8	40.3	35.6	50.4	24.6	26.2	46.5	25.0	44.8	28.4	29.9	28.7	43.0	35.8	48.5	–	31.5	35.1	39.4
SK	60.8	32.6	39.4	48.1	41.0	33.3	46.2	29.8	28.4	39.4	27.4	41.8	33.8	36.7	28.5	44.4	39.0	43.3	35.3	–	42.6	41.8
SL	61.0	33.1	37.9	43.5	42.6	34.0	47.0	31.1	28.8	38.2	25.7	42.3	34.6	37.3	30.0	45.9	38.2	44.1	35.8	38.9	–	42.7
SV	58.5	26.9	41.0	35.6	46.6	33.3	46.6	27.4	30.9	38.9	22.7	42.0	28.2	31.0	23.7	45.6	32.2	44.2	32.7	31.3	33.5	–

8: Strojový preklad medzi 22 jazykmi EU – Machine Translation between 22 EU-languages [53]

základní a prekladových pamätí. Väčšina súčasných systémov (nielen tých orientovaných na slovenský jazyk) je orientovaná na angličtinu. Najvyššiu kvalitu prekladu z/do angličtiny ponúka predovšetkým Google Translate.

Dostupnosť veľkého množstva bilingválnych textov je v štatistickom strojovom preklade skutočne kľúčová. Pre slovenčinu sa v súčasnosti korpus paralelných textov spolu s mnohými inými jazykmi len buduje. Najviac dát – spolu milióny párov viet – je dostupných v slovensko-českom a slovensko-anglickom **paralelnom korpuse**, ktorý sa zostavuje v Jazykovednom ústave Ľ. Štúra. Obsah korpusu tvorí prevažne beletria a vety sú automaticky zarovnané.

Na obrázku 8 (s. 27) je tabuľka, ktorá bola vytvorená v rámci projektu Euromatrix+, znázorňuje presnosť prekladov medzi 22 jazykmi z 23 oficiálnych európskych jazykov (neporovnávala sa írčina). Výsledky sa hodnotili podľa BLUE skóre (čím viac bodov, tým lepší preklad) [54]. Za bežných podmienok dokáže človek získať približne 80 bodov.

4.3 ĎALŠIE APLIKAČNÉ OBLASTI

Tvorba aplikácií jazykových technológií v sebe zahŕňa množstvo čiastkových úloh, ktoré síce v interakcii s používateľom nevyjdú vždy na povrch, ale poskytujú rozličné funkcie skrytého systému. Koncipujú preto v danej oblasti výskumu dôležité otázky, ktoré sa stali samostatnými akademickými subdisciplínami počítačovej lingvistiky.

Zodpovedanie otázok sa stalo aktívnou oblasťou výskumu, pre ktorý boli vytvorené anotované korpusy a ktorý odštartoval vedecké súperenie. Idea spočíva v posune od vyhľadávania pomocou klávesnice (na ktoré prístroj odpovedá celým súborom potenciálne relevantných dokumentov) k variantu, v ktorom používateľ kladie konkrétnu otázku a systém generuje jedinú odpoveď:

> *Otázka: Koľko rokov mal Neil Armstrong, keď vystúpil na Mesiac?*
>
> *Odpoveď: 38.*

Pokiaľ to súvisí s už spomínanou základnou oblasťou vyhľadávania na webe, zodpovedanie otázok je predovšetkým zastrešujúcim výrazom výskumných otázok typu: Aké *druhy* otázok by sa mali rozlišovať a ako by sa malo s nimi zaobchádzať, ako sa môže súbor dokumentov, ktorý potenciálne obsahuje odpoveď, analyzovať a porovnávať (dávajú tieto dokumenty konfliktnú odpoveď?) a ako môže byť špecifická informácia – odpoveď – spoľahlivo extrahovaná z dokumentu bez neoprávneného ignorovania kontextu.

V Centre pre informačné technológie v Košiciach bola vyvinutá softvérová knižnica, ktorá spravuje textové dokumenty

---

To na druhej strane súvisí s úlohou získavania informácií, s oblasťou, ktorá sa tešila veľkej popularite a vplyvu v období „štatistického obratu" v počítačovej lingvistike v raných 90. rokoch 20. storočia. Extrahovanie informácií sa sústreďuje na identifikáciu špecifických informácií v špecifických triedach dokumentov; akými by mohli byť napríklad detekcia kľúčových hráčov prevzatia podnikov, ktorí sú uvedení v novinových článkoch. Druhý variant, na ktorom sa pracovalo, sú správy o teroristických útokoch, v prípade ktorých problémom zostáva zmapovanie textu do šablóny špecifikujúcej páchateľa, cieľ, čas a miesto útoku, ako aj jeho dôsledky. Doménovo špecifická náplň šablóny je ústrednou charakteristikou extrahovania informácií, ktorá je aj z tohto dôvodu ďalším príkladom „zákulisnej" technológie, ktorá predstavuje dobre ohraničenú oblasť výskumu, ale z praktických dôvodov musí byť vsadená do vhodného aplikačného prostredia.

JBOWL (Java knižnica *Bag-Of-Words*) softvérová knižnica bola vyvinutá v Centre pre informačné technológie (FEI-CIT) v Košiciach na podporu NLP Text Mining aplikácií. JBOWL je modulárny systém umožňujúci spravovanie textových dokumentov. Poskytuje funkcie a prostriedky podporujúce spracovanie textov prirodzeného jazyka (napr. tokenizáciu, morfologickú analýzu, lematizáciu, viacznačnosť, syntaktickú analýzu založenú na sieťach ATN, identifikáciu klasterov a fráz, meranie závažnosti termínov a ich označovanie), objavuje znalosti a ťaží z neštruktúrovaných textových dokumentov. Okrem iného systém implementuje viaceré algoritmy kontrolovaného a nekontrolovaného strojového učenia s nastaviteľnými vstupnými parametrami a metódami na hodnotenie kvality modelov Text Miningu.

Dve hraničné oblasti, ktoré niekedy hrajú rolu samostatnej aplikácie a inokedy rolu podporného, skrytého komponentu, sú sumarizovanie a **generovanie textu**. Sumarizovanie zjavne súvisí s úlohou skracovania textu a ponúka sa napríklad aj ako funkcia MS Wordu. Pracuje prevažne na základe štatistických metód, pričom najprv identifikuje „dôležité" slová v texte (napríklad slová, ktoré sú v tomto texte vysoko frekventované, ale výrazne menej používané v bežnom jazyku), a následne určuje tie vety, ktoré obsahujú veľa „dôležitých" slov. Tieto vety sú v dokumente vyznačené alebo sú z neho extrahované a použité na tvorbu sumáru. V tomto variante, ktorý je doteraz najpoužívanejší, sa sumarizovanie rovná extrahovaniu viet: text je redukovaný na podskupinu jeho viet. Všetky komerčné sumarizéry využívajú práve tento nápad. Alternatívny postup, ktorému sa venuje len časť výskumu, spočíva v aktuálnej syntéze *nových* viet, t. j. buduje súhrn viet, ktoré sa nemusia ukázať v takejto forme vo východiskovom texte. Takýto postup si však vyžaduje určité hlbšie porozumenie textu a je oveľa menej priamočiary. Textový generátor ako celok vo väčšine prípadov nie je samostatnou aplikáciou, ale je včlenený do väčšieho softvérového prostredia, ako napríklad do klinického informačného systému, kde sa údaje o pacientoch zhromažďujú, skladujú, spracúvajú, pričom generovanie správ je len jednou z mnohých funkcií.

4.4 JAZYKOVÉ TECHNOLÓGIE VO VZDELÁVANÍ

Jazykové technológie predstavujú vysoko interdisciplinárnu oblasť, ktorá si okrem iného vyžaduje expertízy lingvistov, vedcov výpočtovej techniky, matematikov, filozofov, psycholingvistov a neurológov. Jazykové technológie si na slovenských fakultách stále hľadajú pevné miesto.

Pracovníci Ústavu informatiky SAV vedú kurz získavania informácií, grafových algoritmov na ich podporu a spracovania veľkého množstva dát

Od roku 2007 viedli výskumníci z Ústavu informatiky Slovenskej akadémie vied (Michal Laclavík a Martin Šeleng) na Fakulte informačných technológií STU kurz získavania informácií, v ktorom sa zameriavali na problematiku získavania a extrahovania informácií [55], grafových algoritmov na ich podporu a spracovania veľkého množstva dát. Študenti riešia v tejto doméne rozličné projekty, pričom viacerí používajú slovenské zdroje, prípadne, niektorí riešia priamo problémy spracovania slovenského jazyka. Ako príklad uvádzame viaceré projekty zamerané na vytvorenie štatistického, slovníkovo orientovaného alebo algoritmického stemera založeného na projektoch Snowbal alebo Egothor, ako aj projekty zamerané na určovanie účinnosti a štatistiky pri jednoduchých stemeroch, ktoré fungujú na princípe vynechania samohlások, diakritických znamienok, celých slovných zakončení atď. Takisto sem patria aj súbežne prebiehajúce projekty štatistických prekladov alebo tvorba automatického slovníka, ktorý prekladá medzi slovenčinou a inými jazykmi (angličtinou, češtinou). Napokon sú to projekty využívajúce slovníky alebo frekvenčné jazykové slovníky pre aplikácie ako T9, extrahovanie pomenovaných entít s použitím metód strojového učenia, knižnice ako OpenNLP, tvorba morfologického analyzátora, ako aj extrahovanie udalostí z e-mailov alebo zo slovenských webových stránok a pod.

Dodnes neexistuje žiadny pravidelný študijný program počítačovej lingvistiky.

4.5 ŠTÁTNE PROGRAMY A INICIATÍVY

Jazykové technológie a ich vývoj sa na Slovensku stále považujú za súčasť vedy a výskumu. Zaraďujú sa najmä do oblasti aplikovaného výskumu, a to v rámci lingvistiky (predovšetkým lexikografie) alebo informatiky. Kontakt s komerčnou sférou je nedostatočný až sporadický. V súčasnosti sa však začínajú jazykové technológie v značnej miere využívať v rôznych softvérových aplikáciách. Prvé veľké projekty zamerané na jazykové technológie a zdroje na Slovensku boli osobitne schválené a financované vládou. Išlo o projekty *Vybudovanie Národného korpusu slovenského jazyka a elektronizácia jazykovedného výskumu v rokoch 2002–2006* a *Komplexné spracovanie slovenského jazyka a jeho elektronizácia na účely jazykovedného výskumu.* Oba projekty sa realizovali v Jazykovednom ústave Ľudovíta Štúra Slovenskej akadémie vied.

Projekt *Vybudovanie Národného korpusu slovenského jazyka a elektronizácia jazykovedného výskumu v rokoch 2002–2006* bol schválený uznesením vlády č. 137/2002. Jeho cieľom bolo vybudovať reprezentatívny korpus slovenského jazyka, ktorý je nevyhnutným základom a materiálovým zdrojom pre všetky lingvistické výskumy a výskumy počítačového spracovania prirodzeného jazyka. Jazykový materiál korpusu je základnou bázou pri tvorbe veľkého lexikografického diela – Slovníka súčasného slovenského jazyka.

V rámci projektu sa vytvorilo oddelenie Slovenského národného korpusu, ktoré sa následne stalo vedúcim pracoviskom v oblasti spracovania prirodzeného jazyka na Slovensku. V rokoch 2007–2011 (druhá fáza) projekt pokračoval pod názvom *Budovanie Slovenského národného korpusu a elektronizácia jazykovedného výskumu na Slovensku* na základe zmluvy a jeho spolufinancovaní medzi Ministerstvom školstva SR, Ministerstvom kultúry SR a SAV.

V rokoch 2003–2006 sa v rámci štátneho programu výskumu a vývoja Aktuálne otázky rozvoja spoločnosti zároveň realizovala úloha č. 2003SP200280307 *Komplexné spracovanie slovenského jazyka a jeho elektronizácia na účely jazykovedného výskumu*. Vďaka riešeniu tejto úlohy sa mohli vyvíjať potrebné nástroje na počítačové spracovanie slovenského jazyka a rozširovať ďalšie zdroje: morfologická a syntaktická anotácia, elektronické lingvistické zdroje, terminologická databáza a pod. Výsledky tohto projektu sa využívajú a ďalej rozvíjajú v pokračujúcom projekte a našli si cestu aj do komerčnej sféry.

Ďalším významným projektom v spracovaní slovenského jazyka bol projekt *APD – Automatický prepis diktátu pre Ministerstvo spravodlivosti Slovenskej republiky* koordinovaný Oddelením analýzy a syntézy reči Ústavu informatiky Slovenskej akadémie vied v spolupráci s Katedrou elektroniky a multimediálnych komunikácií Technickej univerzity v Košiciach. Projekt sa realizoval v rokoch 2009–2011. Cieľom bolo vytvoriť kompletný systém na prepis hovoreného slovenského jazyka, špeciálne v oblasti súdnictva. Projekt bol financovaný Ministerstvom spravodlivosti Slovenskej republiky. V súčasnosti sa systém začína využívať v pilotnej prevádzke na súdoch Slovenskej republiky. Tieto projekty boli na Slovensku doteraz jedinou významnou iniciatívou v oblasti počítačového spracovania slovenčiny. Pripravili východisko pre hlbší výskum, ako aj rozmach komerčných projektov v tejto oblasti. Financovanie ďalšieho výskumu je však jednoznačne nevyhnutné.

4.6 DOSTUPNOSŤ NÁSTROJOV A ZDROJOV

Na obrázku 9 ponúkame sumarizáciu súčasného stavu jazykových technológií pre slovenčinu. Kritériá existujúcich nástrojov a zdrojov v rozmedzí 0 (veľmi nízky) až 6 (veľmi vysoký) navrhli poprední odborníci.

1. Kvantita: Existuje pre daný jazyk nejaký nástroj/zdroj? Čím viac nástrojov/zdrojov existuje, tým je hodnotenie vyššie.
   - 0: neexistujú žiadne nástroje/zdroje
   - 6: mnoho nástrojov/zdrojov, veľká rôznorodosť
2. Dostupnosť: Sú nástroje/zdroje dostupné? – t. j. sú Open Source voľne použiteľné na akejkoľvek platforme alebo sú dostupné len za vysokú cenu, resp. za obmedzených podmienok?
   - 0: takmer všetky nástroje/zdroje sú dostupné len za vysokú cenu
   - 6: veľké množstvo nástrojov/zdrojov je voľne dostupných vďaka licenciám OpenSource, ako napr. Creative Commons, ktoré umožňujú opätovné použitie a prispôsobenie potrebám používateľa (v prípade, že tam sú napr. dva rôzne zdroje, jeden z nich úplne otvorený a druhý úplne uzavretý, do tabuľky zadáme priemer, t. j. 3)
3. Kvalita: Do akej miery sa jednotlivé kritériá správania nástrojov a ukazovatele kvality zdrojov približujú ku kvalite najlepších dostupných nástrojov, aplikácií či zdrojov? Sú tieto nástroje/zdroje aktuálne a udržiavané?

	Kvantita	Dostupnosť	Kvalita	Pokrytie	Zrelosť	Udržateľnosť	Adaptabilita
Jazyková technológia: Nástroje, technológie a aplikácie							
Rozpoznávanie reči	3	1	2	2	3	3	2
Syntéza reči	3	3	3	3	3	3	3
Gramatická analýza	2	2	3	2	2	3	3
Sémantická analýza	1	2	1	1	1	3	3
Generovanie textu	1	1	1	1	0	1	1
Strojový preklad	2	2	2	2	2	1	2
Jazykové zdroje: Zdroje, dáta a znalostné databázy							
Textové korpusy	2	4	4	5	4	4	4
Hovorené korpusy	3	4	2	2	3	3	3
Paralelné korpusy	2	3	2	2	2	2	3
Lexikálne zdroje	3	2	3	4	3	4	3
Gramatiky	2	3	3	2	1	2	1

9: Stav podpory jazykových technológií v slovenčine

- 0: amatérsky nástroj/zdroj
- 6: kvalitný nástroj/zdroj, anotácie v zdroji sa kvalitou rovnajú ručným anotáciám

4. Pokrytie: Do akej miery spĺňajú najlepšie dostupné nástroje príslušné kritériá pokrytia (štýlov, žánrov, druhov textov, jazykových javov, typov vstupov/výstupov, počtu jazykov podporovaných MT systémami atď.)? Do akej miery sú zdroje reprezentantmi daných jazykov, resp. subjazykov?
   - 0: zdroj/nástroj určený na špecifické účely, osobité prípady, malé pokrytie, používa sa len vo veľmi špecifických, neobvyklých prípadoch
   - 6: zdroj so širokým pokrytím, robustný nástroj, široko uplatniteľný, veľké množstvo podporovaných jazykov
5. Vyspelosť: Môže sa nástroj/zdroj považovať za vyspelý, stabilný a pripravený na trh? Dajú sa najlepšie dostupné nástroje/zdroje priamo použiť alebo sa musia upraviť? Je výkon takýchto technológií dostatočný a použiteľný? Alebo sú to len prototypy, ktoré sú nevhodné pre produktívne systémy? Ukazovateľom vyspelosti môže byť prijatie nástrojov/zdrojov do komunity a ich úspešné používanie v systémoch jazykových technológií.
   - 0: predbežný prototyp, amatérsky systém, overenie koncepcie
   - 6: okamžite integrovateľný/použiteľný prvok systému
6. Udržateľnosť: Ako sa dá nástroj/zdroj udržiavať, resp. integrovať do súčasných informačných systémov? Spĺňa nástroj/zdroj určitú úroveň udržateľnosti vzhľadom na dokumentáciu/manuály, vysvetlenie prípadov použitia, front-endy, GUI atď.?

Využíva daný nástroj štandardné/najspoľahlivejšie programovacie jazyky (napr. Java EE)? Existujú technické/výskumné normy, resp. kvázinormy? Ak áno, vyhovuje nástroj/zdroj týmto normám (dátové formáty a pod.)?

- 0: súkromné zdroje, dátové formáty a API ad hoc
- 6: zdroje úplne vyhovujúce normám, kompletná dokumentácia

7. Adaptabilnosť: Do akej miery sa dajú najlepšie nástroje/zdroje adaptovať, resp. rozšíriť na nové úlohy/domény/žánre/typy textov/prípady použitia atď.?

   - 0: je prakticky nemožné adaptovať nástroj/zdroj na nové úlohy, dokonca ani s použitím veľkého množstva zdrojov či človekohodín
   - 6: vysoká úroveň adaptabilnosti; nástroje/zdroje sa dajú veľmi jednoducho a efektívne adaptovať

Tabuľka sa dá zhrnúť do niekoľkých kľúčových bodov:

- Na Slovensku existuje niekoľko špecializovaných kvalitných korpusov, ale dosiaľ tu nie je dostupný žiaden veľký, syntakticky anotovaný korpus.
- Referenčným korpusom pre slovenčinu je Slovenský národný korpus. Kvôli licenčným obmedzeniam je však prístupné len jeho vyhľadávacie rozhranie.
- Na druhej strane, korpus hovorených textov nepodlieha zákonu o ochrane autorských práv a je verejne dostupný. Jeho rozsah je však oproti rozsahu korpusu písaných textov nepatrný.
- Mnohé zdroje sú neštandardizované, t. j. aj keď existujú, nie sú udržiavané. Na štandardizáciu dát a výmenu formátov je nevyhnutné spoločné úsilie a iniciatíva.
- Spracovať sémantiku je ťažšie ako spracovať syntax; spracovať textovú sémantiku je ťažšie než spracovať lexikálnu a vetnú sémantiku.
- Slovenčina má ontologický zdroj (zmapovaný na anglické ontologické zdroje), no jeho pokrytie je obmedzené.
- V zmysle reprezentácie vedomostí o svete existujú štandardy pre sémantiku (RDF, OWL, atď.), ktoré sa však ťažko aplikujú na úlohy NLP.
- Spracovanie písaného textu je rozvinutejšie ako spracovanie hovoreného textu (najmä rozpoznávania reči).
- V slovenčine chýbajú mnohé zdroje, ktoré sa v iných jazykoch považujú za štandard; jazykový výskum NLP je na Slovensku veľmi slabo financovaný.
- Niektoré výskumné a vývojové aktivity pre slovenčinu sa realizujú v Českej republike – na českých univerzitách alebo v súkromnom sektore.
- Výskum rozpoznávania reči pre slovenčinu prebieha na niekoľkých univerzitách a výskumných pracoviskách, no množstvo voľne dostupných nástrojov a dát je obmedzené.
- Naopak, syntézu reči spracúvajú univerzity a iné vedecké pracoviská v oveľa menšom rozsahu.
- V oblasti **syntézy reči** sú dostupné OpenSource balíky a niekoľko jednoduchých syntetizátorov reči, no syntéza reči s prirodzenejšími hlasmi nie je dostupná.
- Slovenské dialógové systémy sú veľmi málo rozšírené v dôsledku nízkej dostupnosti kvalitných modulov rozpoznávania reči pre slovenčinu.

4.7 POROVNANIE JAZYKOV

Súčasný stav jazykových technológií je rozdielny v každej krajine. Na porovnanie situácie medzi jednotlivými jazykmi slúži nasledujúce ohodnotenie vzorových aplikácií v oblasti strojového prekladu a spracovania jazyka, textovej analýzy a zdrojov príslušného jazyka, ktoré sú nevyhnutné na tvorbu jazykových technológií. Tieto jazyky sa zoskupili na základe nasledujúcej päťbodovej škály:

1. vynikajúca podpora jazykových technológií
2. veľmi dobrá podpora
3. dobrá podpora
4. čiastočná podpora
5. slabá alebo žiadna podpora

Podpora jazykových technológií sa merala podľa nasledovných kritérií:

- Spracovanie reči: Kvalita existujúcich technológií na rozpoznávanie reči, kvalita existujúcich technológií rečovej syntézy, záber domén, počet a veľkosť existujúcich hovorených korpusov, množstvo a pestrosť dostupných na reči založených aplikácií
- Strojový preklad: Kvalita existujúcich technológií strojového prekladu, počet pokrytých jazykových párov, pokrytie lingvistických fenoménov a domén, kvalita a veľkosť existujúcich paralelných korpusov, množstvo a pestrosť dostupných aplikácií strojového prekladu
- Textová analýza: Kvalita a pokrytie existujúcich technológií textovej analýzy (morfológie, syntaxe, sémantiky), pokrytie lingvistických fenoménov a domén, množstvo a pestrosť dostupných aplikácií, kvalita a veľkosť existujúcich (anotovaných) textových korpusov, kvalita a pokrytie existujúcich lexikálnych zdrojov (napr. WordNet) a gramatík
- Zdroje: Kvalita a veľkosť existujúcich textových korpusov, hovorených korpusov a paralelných korpusov, kvalita a pokrytie existujúcich lexikálnych zdrojov a gramatík

4.8 ZÁVERY

Touto sériou bielych kníh sme uskutočnili prvé kroky na stanovenie stupňa podpory jazykových technológií pre 30 európskych jazykov a na vysokej úrovni sme ponúkli porovnanie situácie medzi jednotlivými jazykmi. Po odhalení medzier, potrieb a nedostatkov môže Európska jazyková komunita a jej zainteresované strany realizovať rozsiahly výskum a rozvojový program s cieľom vybudovať s pomocou technológií v Európe skutočne multilingválnu komunikáciu.

Biela kniha dokazuje, že na Slovensku existuje kvalitné prostredie pre lingvistický výskum aj napriek tomu, že daný technologický priemysel sa tu dostatočne nerozvinul. Slovenský výskum sa realizuje iba s malým počtom dostupných technológií a zdrojov. Tento počet je nižší ako v prípade iných jazykov ako sú čeština alebo poľština a podstatne nižší ako je to v prípade hlavných jazykov EÚ (angličtiny, nemčiny alebo francúzštiny). Slovenské jazykové technológie a zdroje majú navyše zjavne horšiu kvalitu.

Náš pohľad na technologickú podporu slovenského jazyka naozaj nemôže byť optimistický. Na Slovensku máme rodiaci sa výskum v oblasti jazykových technológií pre slovenčinu, a to najmä na univerzitách, vo vedeckých pracoviskách, ako aj v malých a stredných podnikoch, ktoré sa zameriavajú na základný výskum a riešenia špecifických problémov v oblasti jazykových technológií. Rôzne inštitúcie zasvätili svoj výskum rozvoju jazykových technológií, ako sú tvorba veľkých korpusov slovenčiny (písaných textov ale aj hovoreného jazyka), morfologická analýza, strojový preklad, komplexné rečové interaktívne systémy, rozpoznávanie reči a podobné. Ich rozvoj je však nutné ďalej rozvíjať a podporovať.

Ako uvádza táto správa, skôr ako bude možné urobiť nejaký posun v spracovávaní slovenčiny, musia sa podniknúť okamžité kroky. Je jasné, že sa musí vynaložiť väčšia snaha vytvoriť zdroje jazykových technológií pre slovenčinu a viesť výskum, inováciu a rozvoj ako taký. Potreba veľkoobjemových dát a extrémna komplikovanosť systémov jazykových technológií robí rozvoj novej infraštruktúry veľmi dôležitým. Podporilo by to spoluprácu všetkých zainteresovaných strán.

Vo financovaní výskumu a rozvoja chýba kontinuita. Krátkodobo koordinované programy sa striedajú s obdobiami nízkeho až zriedkavého financovania, pričom je tu badateľný celkový nedostatok koordinácie programov v ďalších krajinách EÚ a v samotnej Európskej komisii. Slovenčine by spolu s ďalšími jazykmi pomohol väčší záujem o jazykové technológie a vytvorenie viacjazyčného programu pre európske krajiny a celý svet [56].

Vynikajúca podpora	Veľmi dobrá podpora	Dobrá podpora	Čiastočná podpora	Slabá/Žiadna podpora
	angličtina	nemčina taliančina fínčina francúzština holandčina portugalčina španielčina čeština	baskičtina bulharčina dánčina estónčina galícijčina gréčtina írčina katalánčina nórčina poľština švédčina srbčina **slovenčina** slovinčina maďarčina	islandčina chorvátčina lotyština litovčina maltčina rumunčina

10: Klastre jazykov pre spracovanie reči

Vynikajúca podpora	Veľmi dobrá podpora	Dobrá podpora	Čiastočná podpora	Slabá/Žiadna podpora
	angličtina	francúzština španielčina	nemčina taliančina katalánčina holandčina poľština rumunčina maďarčina	baskičtina bulharčina dánčina estónčina fínčina galícijčina gréčtina írčina islandčina chorvátčina lotyština litovčina maltčina nórčina portugalčina švédčina srbčina **slovenčina** slovinčina čeština

11: Klastre jazykov pre strojový preklad

Vynikajúca podpora	Veľmi dobrá podpora	Dobrá podpora	Čiastočná podpora	Slabá/Žiadna podpora
	angličtina	nemčina	baskičtina	estónčina
		francúzština	bulharčina	írčina
		taliančina	dánčina	islandčina
		holandčina	fínčina	chorvátčina
		španielčina	galícijčina	lotyština
			gréčtina	litovčina
			katalánčina	maltčina
			nórčina	srbčina
			poľština	
			portugalčina	
			rumunčina	
			švédčina	
			slovenčina	
			slovinčina	
			čeština	
			maďarčina	

12: Klastre jazykov pre textovú analýzu

Vynikajúca podpora	Veľmi dobrá podpora	Dobrá podpora	Čiastočná podpora	Slabá/Žiadna podpora
	angličtina	nemčina	baskičtina	írčina
		francúzština	bulharčina	islandčina
		holandčina	dánčina	lotyština
		švédčina	estónčina	litovčina
		čeština	fínčina	maltčina
		poľština	galícijčina	
		maďarčina	gréčtina	
		taliančina	katalánčina	
		španielčina	chorvátčina	
			nórčina	
			portugalčina	
			rumunčina	
			srbčina	
			slovenčina	
			slovinčina	

13: Klastre jazykov pre zdroje

O META-NET-E

META-NET je sieť excelentnosti čiastočne financovaná z fondov Európskej komisie. Sieť tvorí v súčasnosti 54 výskumných centier z 33 krajín [57]. META-NET buduje Multilingválnu európsku technologickú alianciu **META**, ktorá predstavuje narastajúcu komunitu profesionálov jazykových technológií a organizácií v Európe. META-NET podporuje technologické základy multilingválnej európskej informačnej spoločnosti tým, že:

- umožňuje komunikáciu a spoluprácu v rôznych jazykoch;
- garantuje všetkým Európanom rovnaký prístup k informáciám a vedomostiam v ľubovoľnom jazyku;
- buduje a vylepšuje funkcie zosieťovaných informačných technológií.

Sieť podporuje Európu tým, že ju spája ako jediný digitálny trh a informačný priestor. META-NET stimuluje a podporuje rozvoj viacjazyčných technológií všetkých európskych jazykov. Tieto technológie využívajú automatický preklad, generujú obsah, spracúvajú informácie, riadia vedomostný manažment a i. Využívajú tiež intuitívne jazykové rozhrania aplikovateľné na rozmanité technologické výdobytky ako je domáca elektronika, stroje, autá alebo počítače či roboty.

Od 1. februára 2010 v sebe META-NET zahŕňa tri nasledujúce okruhy činností: META-VISION, META-SHARE a META-RESEARCH.

META-VISION podporuje dynamickú a vplyvnú komunitu zainteresovaných strán, ktorú zjednocuje strategický výskumný program (SRA; Strategic Research Agenda) pre oblasť európskych jazykových technológií. Hlavným cieľom META-VISION je vytvoriť v Európe ucelenú a súdržnú komunitu jazykových technológií cez zoskupenie rôznych zainteresovaných strán. Súčasná séria bielych kníh bola pripravovaná v 29 jazykoch. Spoločná technologická vízia sa vytvárala v troch vizionárskych skupinách. Technologická rada META vznikla s cieľom prediskutovať a pripraviť strategický výskumný program založený na vízii vzájomnej spolupráce celej komunity jazykových technológií.

META-SHARE vytvára možnosti na výmenu a sprístupnenie zdrojov. Sieť dátových úložísk bude obsahovať publikácie, súbory dát, multimediálne súbory, výpočtové nástroje, služby a aplikácie usporiadané do štandardizovaných kategórií. Zdroje sa dajú jednoducho vyhľadať. Sú to jednak bezplatné a voľne prístupné materiály, ale aj zdroje s obmedzeným a spoplatneným použitím.

META-RESEARCH spája príbuzné technologické oblasti. Táto oblasť sa snaží využiť poznatky iných oblastí a zužitkovať ich na výskum jazykových technológií. Tento okruh sa obzvlášť zameriava na špičkový výskum v oblasti strojového prekladu, zbierania dát, prípravy dátových súborov a organizovania jazykových zdrojov na účel hodnotenia; na zostavovanie inventára nástrojov a metód a organizovanie seminárov či školení pre členov komunity.

office@meta-net.eu – http://www.meta-net.eu

1 EXECUTIVE SUMMARY

During the last 60 years, Europe has become a distinct political and economic structure, yet culturally and linguistically it is still very diverse. This means that from Portuguese to Polish and Italian to Icelandic, everyday communication between Europe's citizens as well as communication in the spheres of business and politics is inevitably confronted with language barriers. The EU's institutions spend about a billion euros a year on maintaining their policy of multilingualism, i. e., translating texts and interpreting spoken communication. Yet does this have to be such a burden? Modern language technology and linguistic research can make a significant contribution to pulling down these linguistic borders. When combined with intelligent devices and applications, language technology will in the future be able to help Europeans talk easily to each other and do business with each other even if they do not speak a common language.

Language technology builds bridges.

One classic way of overcoming the language barrier is to learn foreign languages. Yet without technological support, mastering the 23 official languages of the member states of the European Union and some 60 other European languages is an insurmountable obstacle for the citizens of Europe and its economy, political debate, and scientific progress.

The solution is to build key enabling technologies. These will offer European actors tremendous advantages, not only within the common European market but also in trade relations with third countries, especially emerging economies. To achieve this goal and preserve Europe's cultural and linguistic diversity, it is necessary to first carry out a systematic analysis of the linguistic particularities of all European languages, and the current state of language technology support for them. Language technology solutions will eventually serve as a unique bridge between Europe's languages.

Language technology as a key for the future.

Language technologies and natural language processing of the Slovak language have been lagging behind a lot, compared with the situation in neighbouring countries. For example, there was a high quality natural language processing research carried on in the Czech Republic already in the mid-1990s, and the Czech language technologies have strong commercial backing. In Slovakia, the first foray into the field was in the beginning of this millennium, with the creation of the Slovak National Corpus.

The first two big government funded research projects with a focus on language technologies and resources in Slovakia were *National Corpus of the Slovak Language and Electronisation of Linguistic Research in the years 2002–2006* and *Integrated Computational Processing of the Slovak Language for Linguistic Research Purposes*, both carried out at Ľ. Štúr Institute of Linguistics, Slovak Academy of Sciences, and their continuation as *Construction of Slovak National Corpus and Electronisation of Linguistic Research in Slovakia* (in the years 2007–2011), sponsored by the Ministry of Education of the Slovak Republic, Ministry of Culture of the Slovak Republic and the Slovak Academy of Sciences.

Another major project concerning the Slovak language processing was the project *Automatic Transcription of Dictate for the Ministry of Justice of the Slovak Republic*, coordinated by the Department of Speech Analysis and Synthesis of the Institute of Informatics of the Slovak Academy of Sciences, with participation of the Department of Electronics and Multimedia Communications of the Technical University of Košice, carried out in the years 2009–2011, funded by the Ministry of Justice of the Slovak Republic. The goal of the project was to create a complete system for transcribing spoken Slovak language, specialised for judicial domain and is currently being deployed in the courts of law in the Slovak Republic.

These three projects were so far the only major initiatives concerning natural language processing of the Slovak language. As this white paper series shows, there is a dramatic difference between the level of research and the state of language tools and resources for Slovak and other European languages. Therefore, a focused effort is needed to bring up the Slovak language technologies to a comparable level.

Language technology helps unify Europe.

META-NET's long-term goal is to introduce high-quality language technology for all languages in order to achieve political and economic unity through cultural diversity. The technology will help tear down existing barriers and build bridges between Europe's languages. This requires all stakeholders - in politics, research, business, and society - to unite their efforts for the future.

This white paper series complements other strategic actions taken by META-NET (see the appendix for an overview). Up-to-date information such as the current version of the META-NET vision paper [58] or the Strategic Research Agenda (SRA) can be found on the META-NET web site: http://www.meta-net.eu.

2

LANGUAGES AT RISK: A CHALLENGE FOR LANGUAGE TECHNOLOGY

We are witnesses to a digital revolution that is dramatically impacting communication and society. Recent developments in digital information and communication technology are sometimes compared to Gutenberg's invention of the printing press. What can this analogy tell us about the future of the European information society and our languages in particular?

> The digital revolution is comparable to Gutenberg's invention of the printing press.

After Gutenberg's invention, real breakthroughs in communication and knowledge exchange were accomplished by efforts such as Luther's translation of the Bible into vernacular language. In subsequent centuries, cultural techniques have been developed to better handle language processing and knowledge exchange:

- the orthographic and grammatical standardisation of major languages enabled the rapid dissemination of new scientific and intellectual ideas;
- the development of official languages made it possible for citizens to communicate within certain (often political) boundaries;
- the teaching and translation of languages enabled exchanges across languages;
- the creation of editorial and bibliographic guidelines assured the quality and availability of printed material;
- the creation of different media like newspapers, radio, television, books, and other formats satisfied different communication needs.

In the past twenty years, information technology has helped to automate and facilitate many of the processes:

- desktop publishing software has replaced typewriting and typesetting;
- presentation software, such as OpenOffice/LibreOffice Impress or Microsoft PowerPoint has replaced overhead projector transparencies;
- e-mail send and receive documents faster than a fax machine;
- SIP telephony and Skype offers cheap Internet phone calls and hosts virtual meetings;
- audio and video encoding formats make it easy to exchange multimedia content;
- search engines provide keyword-based access to web pages;
- online services like Google Translate produce quick, approximate translations;
- social media platforms such as Facebook, Twitter, and Google+ facilitate communication, collaboration, and information sharing.

Although such tools and applications are helpful, they are not yet capable of supporting a sustainable, multilingual European society for all where information and goods can flow freely.

2.1 LANGUAGE BORDERS HOLD BACK THE EUROPEAN INFORMATION SOCIETY

We cannot predict exactly what the future information society will look like. But there is a strong likelihood that the revolution in communication technology is bringing people speaking different languages together in new ways. This is putting pressure on individuals to learn new languages and especially on developers to create new technology applications to ensure mutual understanding and access to shareable knowledge. In a global economic and information space, more languages, speakers and content interact more quickly with new types of media. The current popularity of social media (Wikipedia, Facebook, Twitter, YouTube, Pokec, Google+) is only the tip of the iceberg.

The global economy and information space confronts us with different languages, speakers and content.

Today, we can transmit gigabytes of text around the world in a few seconds before we recognise that it is in a language we do not understand. According to a recent report from the European Commission, 57% of Internet users in Europe purchase goods and services in non-native languages (English is the most common foreign language followed by French, German and Spanish). 55% of users read content in a foreign language while only 35% use another language to write e-mails or post comments on the Web [2]. A few years ago, English might have been the lingua franca of the Web – the vast majority of content on the Web was in English – but the situation has now drastically changed. The amount of online content in other European (as well as Asian and Middle Eastern) languages has exploded. Surprisingly, this ubiquitous digital divide due to language borders has not gained much public attention; yet, it raises a very pressing question: Which European languages will thrive in the networked information and knowledge society, and which are doomed to disappear?

2.2 OUR LANGUAGES AT RISK

While the printing press helped step up the exchange of information in Europe, it also led to the extinction of many European languages. Regional and minority languages were rarely printed and languages such as Romani and Rusyn were mostly limited to oral forms of transmission, which in turn restricted their scope of use. Will the Internet have the same impact on our languages? Europe's approximately 80 languages are one of its richest and most important cultural assets, and a vital part of its unique social model [3]. While languages such as English and Spanish are likely to survive in the emerging digital marketplace, many European languages could become irrelevant in a networked society. This would weaken Europe's global standing, and run counter to the strategic goal of ensuring equal participation for every European citizen regardless of language. According to a UNESCO report on multilingualism, languages are an essential medium for the enjoyment of fundamental rights, such as political expression, education and participation in society [4].

The variety of languages in Europe is one of its richest and most important cultural assets.

2.3 LANGUAGE TECHNOLOGY IS A KEY ENABLING TECHNOLOGY

In the past, investment efforts in language preservation focused on language education and translation. According to one estimate, the European market for translation, interpretation, software localisation and website globalisation was €8.4 billion (short scale, i. e., $8.4 \cdot 10^9$.) in 2008 and is expected to grow by 10% per annum [5]. Yet this figure covers just a small proportion of current and future needs in communicating between languages. The most compelling solution for ensuring the breadth and depth of language usage in Europe tomorrow is to use appropriate technology, just as we use technology to solve our transport, energy and disability needs among others.

Digital language technology (targeting all forms of written text and spoken discourse) helps people collaborate, conduct business, share knowledge and participate in social and political debate regardless of language barriers and computer skills. It often operates invisibly inside complex software systems to help us:

- find information with an Internet search engine;
- check spelling and grammar in a word processor;
- view product recommendations in an online shop;
- hear the verbal instructions of a car navigation system;
- translate web pages via an online service.

Language technology consists of a number of core applications that enable processes within a larger application framework. The purpose of the META-NET language white papers is to focus on how ready these core technologies are for each European language.

Europe needs robust and affordable language technology for all European languages.

To maintain our position in the frontline of global innovation, Europe will need language technology adapted to all European languages that is robust, affordable and tightly integrated within key software environments. Without language technology, we will not be able to achieve a really effective interactive, multimedia and multilingual user experience in the immediate future.

2.4 OPPORTUNITIES FOR LANGUAGE TECHNOLOGY

In the world of print, the technology breakthrough was the rapid duplication of an image of a text (a page) using a suitably powered printing press. Human beings had to do the hard work of looking up, reading, translating, and summarizing knowledge. We had to wait until Edison to record spoken language – and again his technology simply made analogue copies.

Digital language technology can now automate the very processes of translation, content production, and knowledge management for all European languages. It can also empower intuitive language/speech-based interfaces for household electronics, machinery, vehicles, computers and robots. Real-world commercial and industrial applications are still in the early stages of development, yet R&D achievements are creating a genuine window of opportunity. For example, machine translation is already reasonably accurate in specific domains, and experimental applications provide multilingual information and knowledge management as well as content production in many European languages.

As with most technologies, the first language applications such as voice-based user interfaces and dialogue systems were developed for highly specialised domains, and often exhibit limited performance. But there are huge market opportunities in the education and entertainment industries for integrating language technologies into games, cultural heritage sites, edutainment packages, libraries, simulation environments and training programmes. Mobile information services, computer-assisted language learning software, e-learning environments, self-assessment tools and plagiarism detection software are just some of the application areas where language technology can play an important role. The popularity of social media applications like Twitter, Pokec or Facebook suggest a further need for sophisticated language technologies that can monitor posts, summarise discussions, suggest opinion trends, detect emotional responses, identify copyright infringements or track misuse.

Language technology helps overcome the "disability" of linguistic diversity.

Language technology represents a tremendous opportunity for the European Union. It can help address the complex issue of multilingualism in Europe – the fact that different languages coexist naturally in European businesses, organisations and schools. But citizens need to communicate across these language borders criss-crossing the European Common Market, and language technology can help overcome this final barrier while supporting the free and open use of individual languages.

Looking even further forward, innovative European multilingual language technology will provide a benchmark for our global partners when they begin to enable their own multilingual communities.

Language technology can be seen as a form of 'assistive' technology that helps overcome the 'disability' of linguistic diversity and make language communities more accessible to each other. Finally, one active field of research is the use of language technology for rescue operations in disaster areas, where performance can be a matter of life and death: Future intelligent robots with cross-lingual language capabilities have the potential to save lives.

2.5 CHALLENGES FACING LANGUAGE TECHNOLOGY

Although language technology has made considerable progress in the last few years, the current pace of technological progress and product innovation is too slow. Widely-used technologies such as the spelling and grammar correctors in word processors are typically monolingual, and are only available for a handful of languages. Online machine translation services, although useful for quickly generating a reasonable approximation of a document's contents, are fraught with difficulties when highly accurate and complete translations are required. Due to the complexity of human language, modelling our tongues in software and testing them in the real world is a long, costly business that requires sustained funding commitments. Europe must therefore maintain its pioneering role in facing the technology challenges of a multiple-language community by inventing new methods to accelerate development right across the map. These could include both computational advances and techniques such as crowdsourcing.

Technological progress needs to be accelerated.

2.6 LANGUAGE ACQUISITION IN HUMANS AND MACHINES

To illustrate how computers handle language and why it is difficult to program them to use it, let's look briefly at the way humans acquire first and second languages, and then see how language technology systems work.

Humans acquire language skills in two different ways. Babies acquire a language by listening to the real interactions between its parents, siblings and other family members. From the age of about two, children produce their first words and short phrases. This is only possible because humans have a genetic disposition to imitate and then rationalise what they hear.

Learning a second language at an older age requires more effort, largely because the child is not immersed in a language community of native speakers. At school, foreign languages are usually acquired by learning grammatical structure, vocabulary and spelling using drills that describe linguistic knowledge in terms of abstract rules, tables and examples. Learning a foreign language gets harder with age.

Humans acquire language skills in two different ways: learning from examples and learning the underlying language rules.

The two main types of language technology systems 'acquire' language capabilities in a similar manner. Statistical (or 'data-driven') approaches obtain linguistic knowledge from vast collections of concrete example texts. While it is sufficient to use text in a single language for training, e. g., a spell checker, parallel texts in two (or more) languages have to be available for training a machine translation system. The machine learning algorithm then "learns" patterns of how words, short phrases and complete sentences are translated.

This statistical approach can require millions of sentences and performance quality increases with the amount of text analysed. This is one reason why search engine providers are eager to collect as much written material as possible. Spelling correction in word processors, and services such as Google Search and Google Translate all rely on statistical approaches. The great advantage of statistics is that the machine learns fast in continuous series of training cycles, even though quality can vary arbitrarily.

The second approach to language technology and machine translation in particular is to build rule-based systems. Experts in the fields of linguistics, computational linguistics and computer science first have to encode grammatical analyses (translation rules) and compile vocabulary lists (lexicons). This is very time consuming and labour intensive. Some of the leading rule-based machine translation systems have been under constant development for more than twenty years. The great advantage of rule-based systems is that the experts have more detailed control over the language processing. This makes it possible to systematically correct mistakes in the software and give detailed feedback to the user, especially when rule-based systems are used for language learning. But due to the high cost of this work, rule-based language technology has so far only been developed for major languages.

As the strengths and weaknesses of statistical and rule-based systems tend to be complementary, current research focuses on hybrid approaches that combine the two methodologies. However, these approaches have so far been less successful in industrial applications than in the research lab.

As we have seen in this chapter, many applications widely used in today's information society rely heavily on language technology. Due to its multilingual community, this is particularly true of Europe's economic and information space. Although language technology has made considerable progress in the last few years, there is still huge potential in improving the quality of language technology systems. In the following, we will describe the role of Slovak in European information society and assess the current state of language technology for the Slovak language.

3

SLOVAK IN THE EUROPEAN INFORMATION SOCIETY

3.1 GENERAL FACTS

The Slovak Republic is a country in Central Europe neighbouring both Slavic (Czech Republic, Poland, Ukraine) and non-Slavic countries (Hungary, Austria). Its geographic location, mostly mountainous landscape and historical development created the considerably multi-ethnic and multicultural character of the country. It also caused a variety of Slovak dialects and the subsequent codification of (modern) standard Slovak as an over-regional communication mean by as late as 1843. Although part of the territory of Slovakia belonged to the historic Great Moravia, where Constantine and Methodius, invited from the Byzantine Empire in the 9th century were spreading the Christian religion and education through Old Church Slavonic and the Glagolitic alphabet. Later development of Slovakia and the Slovak language was influenced by the Latin alphabet and Roman culture. Several influences subsequently occurred that left traces on the Slovak language as well.

The Slovak language– in the Indo-European family of languages, together with Polish, Czech, Lower and Upper Sorbian – belongs to the West branch of Slavic languages. Linguistic, historic, and archaeological sources prove that Slovak developed directly from Proto-Slavic. The Proto-Slavic basis of Slovak was formed in the area between the Carpathians, the Danube, and the Upper Moravia. The Slavonians, predecessors of the Slovaks, came to this area in the 6th century from the south-east. The reconstructed language of the Great Moravian ethnic group, which was divided into dialects but formed a certain cultural form can be regarded as the basis of Slovak. The Slovak language went through fast development in the 10th to 12th centuries (jer vocalisation, disappearance of nasal vowels), and stabilised in the 13th to 15th centuries. In the 16th to 18th centuries, Czech was used as the cultural language in Slovakia, together with several types of cultural Slovak, such as cultural West Slovak, cultural Central Slovak and cultural East Slovak. By the end of the 18th century, attempts at the formation of literary Slovak had started. At the end of the 18th century, Anton Bernolák based his codification on cultural West Slovak, but failed to get wide recognition due to changed social and economic conditions. Ľudovít Štúr used Central Slovak as the basis and his idea took hold very soon, and with certain modifications (Martin Hattala, Michal Miloslav Hodža) lasts up to these days. Slovak is the official language in the Slovak Republic. Since May 2004 it has also been one of the administrative languages of the European Union. Slovak is spoken by 4.5 million inhabitants of Slovakia, more than 1 million emigrants in the United States, and approx. 300 thousand people in the Czech Republic. Smaller language groups of Slovaks are situated in Hungary, Romania, Serbia, Croatia, Bulgaria, Poland, the United Kingdom, France, Germany, Belgium, Austria, Norway, Denmark, Finland, Sweden, Italy, Switzerland, the Netherlands, Cyprus, Russia, Ukraine, Kyrgyzstan, Israel, Canada, South Africa, Argentina, Brazil, Uruguay, Australia, New Zealand, and other countries. The Slovak language is the "esperanto" of all the Slavic languages due to its most comprehensible character for other users of Slavic langugages.

The Slovak language is the "esperanto" of all the Slavic languages.

Slovaks abroad pertain to different groups: they are descendants of indigenous inhabitants of Slovakia, who moved to other areas of former Austro-Hungary; descendants of later migrants from Slovakia, living overseas (emigration wave from the late 19th to the mid 20th century); political and economic migrants after 1945, 1948, and 1968 and their descendants; and finally, mostly young people settled abroad after the year 1990. It is estimated that some 270 000 Slovaks went abroad in the last wave of emigration in the years 2007–2008. A special group consists of descendants of Slovaks, who remained abroad due to political and geographical changes after the year 1918 or the year 1945. At the same time, there are ethnic minorities living in Slovakia (Hungarians, Gypsies, Czechs, Ruthenians, Ukrainians, Germans, Poles, Moravians, Croatians, Bulgarians, Jews), which together account for 14.2% of population of Slovakia.

The Slovak language has several forms: standard Slovak is mainly used in written form and in official communication and colloquial Slovak represents a standard mainly used in verbal communication. Each form has specific subgroups, which form the Slovak language stratification: literary language / nationwide standard language / nationwide substandard language / regional variant / local variant, territorial variant (dialects), social variant (slang, jargon, argot, professional languages). At the time of compiling this dcument, responsibility for control over language and language policy was borne by the Ministry of Culture (Act on State Language, Central Language Board). Its decisions should be based on the knowledge and opinions of the scientific and professional community led by the Ľudovít Štúr Institute of Linguistics of the Slovak Academy of Sciences. The Institute is a founder and coordinator of several commissions with nationwide coverage: spelling committee, orthoepic committee, onomastic committee, and the committee for codification. The committees prepare and recommend codification of orthoepic, spelling, grammatical and lexical rules. Spelling rules are subject to a broader discussion with the involvement of the general public, but due to the interconnection of many factors and social impact of any changes they are not amended too often. The last amendments, especially in the rules of rhythmic alternation and capitalisation, were made in 1991. The lexicographic works (Krátky slovník slovenského jazyka, Slovník súčasného slovenského jazyka A – G, H – L, Synonymický slovník, Slovník cudzích slov – akademický [6, 7, 8, 9, 10]) compiled at the Ľ. Štúr Institute of Linguistics of the Slovak Academy of Sciences cover not only the orthography but also lexical, grammar and orthoepic rules. Monographs and scientific articles published by the Institute capture the Slovak language situations in all its areas.

The territorial arrangement of Slovakia (a territory with an area of almost 50 000 km^2 is mainly situated lengthwise; the length between eastern and western borderlines is almost 430 km) and specifics of individual dialects also affect forms of Slovak language in specific regions and locations, which represents a problem to be coped with mainly by foreigners learning Slovak and moving throughout the territory of the Slovak Republic.

3.1.1 Slovak Dialects

Slovak dialects are a means of communication of the autochthonous population of the respective dialect areas in everyday social and working relations with the nearest environment. Slovak dialects are inherited from one

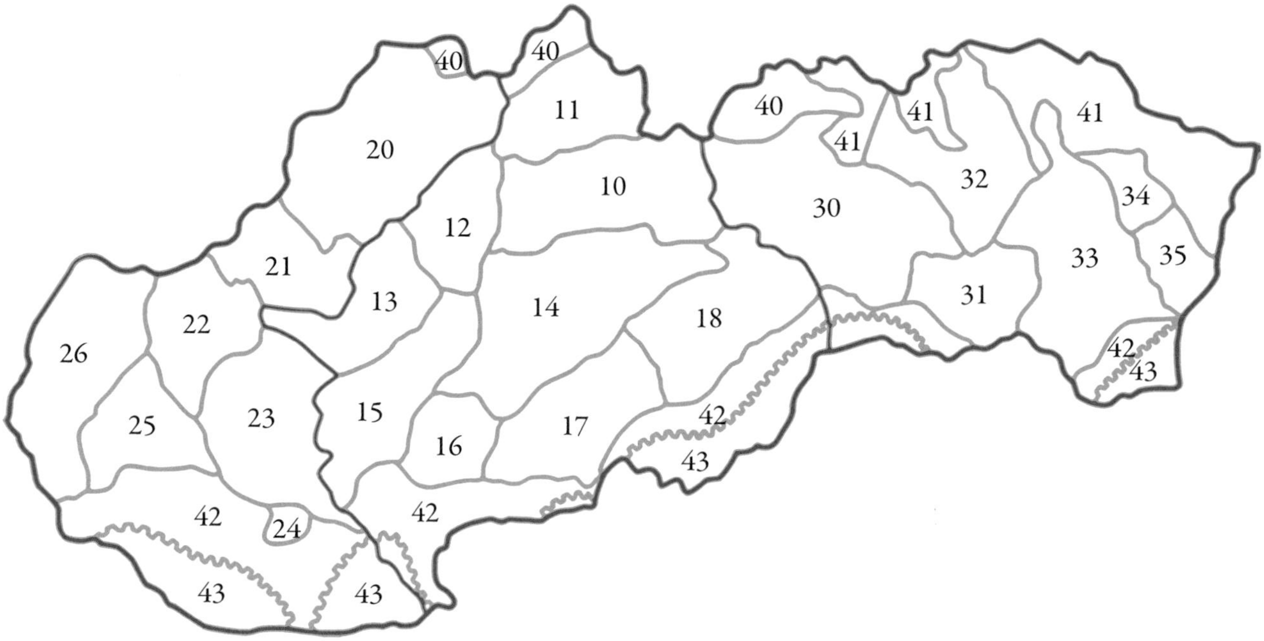

1: Map of Slovak Dialects

generation to the next in verbal form, although the process of levelling can be observed in this area.

Vocabularies of individual dialects in Slovakia are described in more detail in the Dictionary of Slovak Dialects and several dialects are described in separate studies with an extension to other linguistic levels.

Slovak dialects are divided into three basic groups (see figure 1):

a) The Western Slovak dialects are spread throughout the Trenčín, Nitra, Trnava, Myjava areas and other regions.

20. Upper Trenčín dialects
21. Lower Trenčín dialect
22. Váh river dialect
23. Central Nitra dialects
24. Lower Nitra dialects
25. Trnava area dialects
26. Záhorie dialect

b) The central Slovak dialects are spoken in the regions of Liptov, Orava, Turiec, Tekov, Hont, Novohrad, Gemer and in the Zvolen area.

10. Liptov dialects
11. Orava dialects
12. Turiec dialect
13. Upper Nitra dialects
14. Zvolen dialects
15. Tekov dialects
16. Hont dialect
17. Novohrad dialects
18. Gemer dialects

c) The eastern Slovak dialects can be found in the regions of Spiš, Šariš, Zemplín and Abov.

30. Spiš dialects
31. Abov dialects
32. Šariš dialects
33. Zemplín dialect

34. Soták dialects
35. Už dialects
40. Goral dialects
41. Ukrainian dialects
42. Various dialects
43. Hungarian dialects

These groups are further divided into a variety of subdialects (each village has its own dialect); especially mountainous regions have highly varied dialects. In the past, the mountainous character of the country caused certain (language) isolation of the population in individual provinces. These specific characteristics were also caused by the reorganisation and migration of the population, colonisation, mixing of different dialect types, influence from neighbouring Slavic and non Slavic languages, changes in the employment of the population, etc. According to the nature of dialects and the occurrence of the individual characteristics, Slovak dialects in Hungary, Serbia, Croatia, Romania, Bulgaria and other countries, where large compact groups moved to in the past, can be included in these groups. In view of the limited number of old written monuments, Slovak dialects are the basic source of historical Slovak grammar.

3.2 PARTICULARITIES OF THE SLOVAK LANGUAGE

The Slovak language started to develop directly from Old Church Slavonic in the 10th century. Main changes took place and were stabilised before the 15th century; some of them equally (reduction of the nasal vowels) and the others differentially (vocalisation of hard jers in eastern and the western parts of contemporary Slovakia was of western Slavic type and in the central part it was of non-western Slavic type). A part of these changes was also the decomposition of the Old Church Slavonic syllable structure, which influenced the changes in declension and conjugation. Although the Slovak and Czech languages developed under different conditions for a long period (Slovakia became a part of the Kingdom of Hungary in the 11th century), they have remained close to each other. However, some specific features of the Slovak language (the forms *lakeť*/elbow, *Česi*/the Czechs, the suffix *-m* in the first person singular, etc.) are parallel in South Slavic languages. With some less significant characteristics, Slovak resembles Polish (prefix *pre-* unlike the Czech *pro-*, preservation of the consonant *dz*, and several expressions such as *teraz/now, pivnica/cellar*). By other characteristics it approaches East Slavic languages. Therefore we talk about the central position of Slovak among the Slavic languages and about the good understandability of Slovak for the members of other Slavic nations.

Some specific features of the Slovak languages are parallel in South Slavic languages.

Modified Latin with diacritical marks is used in Slovakia. The palatalisation of consonants is marked with a caron (*ď, ť, ň, ľ*; also used for graphemes *ž, š, č, dž*) and the length of vowels and consonants by an acute accent (*á, é, í, ý, ó, ú, ŕ, ĺ*). Vowels are not subject to reduction, they are pronounced in full form in each position. In Slovak, besides vowels and consonants, several diphthongs (ia, ie, iu) and one u-diftong (ô) occur.

Modified Latin with diacritical marks is used in Slovakia.

A phonetic speciality of the Slovak standard language (and of Central Slovak dialects) is the so-called rhythmic rule, which is a tendency not to have two long syllables adjacent (*pekný*/nice – *krásny*/beautiful, *prosím*/please – *smútim*/I am sad). Slovak has dynamic stress on the first syllable of the word that is not very strong (it is weaker than in Russian or Polish). In prepositional phrases with one-syllable prepositions, the stress is usually put on the prepositions: *v škole*/near the school.

Unlike Russian or Czech, Slovak has a simpler structure of declension and conjugation paradigms. However, the system of substantive and verbal forms is clearly structured, in spite of unification tendencies. The Slovak language has six grammatical cases (nominative, genitive, dative, accusative, locative and instrumental). Unlike Czech, the vocative is not frequently used in Slovak anymore; it is usually identical with the nominative. Slovak recognises 4 genders: masculine animate and masculine inanimate, feminine, and neuter for nouns and related adjectives, pronouns and numerals. Masculine and feminine genders with animate concreta are determined according to the natural gender and in other cases it is a matter of convention, which is not signalised by any article, and only sometimes by the ending (e. g., *strom/tree* – masc. inanimate, *jabloň/apple tree* – fem., *jablko/apple* – neuter.). For each gender there are given several patterns in student grammar books and their paradigms differ especially in – G/A sing. and N/G plur. (e. g., masculine animate *chlap / chlapa / chlapi / chlapov*, *hrdina / hrdinu / hrdinovia / hrdinov*; *žena / ženy / ženu / ženy / žien*, *dlaň / dlane / dlaň / dlane / dlaní*). In some patterns and cases there is some significant homonymy: G and A sing. of animate masculine, N and A sing. of inanimate masculine, in feminine gender of G sing. and N plur., etc. There are possible transitions among the paradigms, e. g., the feminine paradigm *kosť* is nowadays more productive than the paradigm *dlaň*. Words formally assigned to a certain paradigm quite often do not follow the pattern, which is the reason for many exceptions. In NLP literature a much larger number of paradigms is mentioned [11, 12, 13].

In the conjugation of verbs, three tenses are distinguished: past, present, and future. In addition to the three forms – indicative, imperative, and conditional, most of the verbs exist in two aspects – perfective (*zavolať*) and imperfective (*volať*). Slovak is a highly inflectional language with elements of analytical constructions (especially in verb forms such as *budem písať*, *bol by som prišiel*). The grammar function of words is clearly designated by inflection, therefore the word order in a sentence is relatively free. From the syntactic point of view, Slovak is characterised by a basic construction scheme S(ubject) – V(erb) – O(bject), however, it is a rather theoretical scheme, whose realisation varies as a consequence of the free word order. Cases are helpful for the unambiguous determination of S and O (S is in N case, O is usually in A or G, D cases, rarely in other cases), homonymy of the forms, however, can be a cause of an uncertainty in subject and object functions (especially in foreign proper names but also in several other cases).

Highly unbound verbal morphemes cause problems for foreigners and computer processing.

Special problems for foreigners and computer processing of the Slovak language are caused by highly movable verbal morphemes *sa*, *si*, by which the verb can be preceded or followed even in distance of several words, or even in a different part of the sentence structure (*Netrvalo dlho, keď* ***sa*** *im ich hviezda, ktorú predtým videli v diaľke, zrazu* ***priblížila***). In Slovak, two-unit sentences with a subject (agents) are the most frequent but one-unit constructions without agents are also frequently used (*Prší.*, *Prišlo mu zle.*, *Na stavbe sa tvrdo pracuje.*). The subject is known from the context and the form of the predicative verb is not expressed formally (*Našiel som ho.*); its presence in the sentence in the form of a personal pronoun marks an emphasis (*Ja som ho našiel!*).

3.3 SLOVAK ON THE INTERNET

At the end of 2010, the size of the Slovak Internet population reached approximately 2 394 000 which is more than 44% of all Slovak inhabitants. In the case of the younger generation, this percentage has been much higher as young people spend a lot of time on the Internet. By the end of 2010 the number of Slovak domains exceeded the level of 231 thousand [14]. The amount of *.sk* domains on the worldwide web was about 1‰ (the number of all domains according to http://www.verisigninc.com was reaching approximately 200 million) by the end of 2010. The style of Internet communication and the texts to be found on the Internet are interesting for natural language research but also for text collecting purposes. The Internet is also a place for the usage of various applications which use language data as a source.

Shared with many other European languages, a specific feature of early Slovak language presence on the internet (and generally, in anything computer related) was the habit of using the language without diacritics. Owing to the "character encoding mess" in the late 80's and 90's and the lack of software support for different character encodings, the "proper" language on the Internet started to dominate only in the late 1990's. Nowadays, with the almost universal Unicode and UTF-8 encoding, there are no more outstanding problems and the diacritics are used universally (however, in informal contexts such as in e-mails and discussion forums, and especially in SMS, Slovak without diacritics is common).

A special category consists of bilingual dictionaries, which are freely accessible to Slovak users through three major Slovak portals (*azet.sk, centrum.sk, zoznam.sk*).

Google is developing a freely accessible automatic text translator from various languages into Slovak and vice versa. The degree of correctness is, however, low in the case of the majority of languages. There is an interesting result regarding the mutual translation between the closely related languages Slovak ↔ Czech, where the percentage of correctness of the translation is good. Of course, even these translations are sometimes incorrect, however, they are much more successful than translations between Slovak and English, German, French, and other major languages.

The use of the Internet by Slovak Internet users is reflected by more than 60 000 registered Slovak users of the Internet encyclopedia Wikipedia in the Slovak language. Slovak Wikipedia includes more than 285 000 articles.

3.4 SLOVAK AS A FOREIGN LANGUAGE

3.4.1 Slovak Online

Slovak Online [15] is a project enabling free-of-charge Slovak language studies by means of e-learning on the web. Provided language courses in different levels (mini course for tourists, courses A1 and A2 according to the Common European Framework of Reference for Languages) are divided into topical chapters and they are supplemented by audio and video recordings and exercises. The site includes an outline of Slovak grammar and orthography, a multilingual dictionary and language games. It also provides some basic information and trivia about Slovakia and the Slovak language, a library with extracts from Slovak literary works and the possibility of instant messaging communication between registered users.

The target group is foreigners living in Slovakia, partners in mixed marriages, inhabitants of border area, Slovaks living abroad, slovakists and slavists, etc.

The target group of the site is foreigners living in Slovakia, partners in mixed marriages, inhabitants of border area, Slovaks living abroad, slovakists and slavists, immigrants, students and tourists. Currently, the site has a German, English, Esperanto, French, Lithuanian, Polish and Slovak version.

The project, the first of its kind, came into existence on the basis of experience gained by the operation of the *lernu!* [16] site – the biggest portal for Esperanto language studies. The Slovak Online project was supported by European Committee in the frame of the KA2 programme – languages – lifelong learning. The project is coordinated by a civic association Edukácia@Internet (Slovakia), with the partnership of Ľudovít Štúr Institute of Linguistics (Slovakia), Studio GAUS (Germany), Vilniaus universitetas (Lithuania), Wyższa Szkoła Informatyki, Zarządzania i Administracji w Warszawie (Poland) and Slovak Centre London (UK).

3.4.2 Studia Academica Slovaca

Studia Academica Slovaca – The Centre for Slovak as a Foreign Language (SAS) is a specialised centre at the Faculty of Arts (officially also called Faculty of Philosophy), Comenius University (FF UK) in Bratislava. The pedagogical and research activities focus on the education of foreigners interested in Slovak language and culture, propagation of Slovak science, culture and art abroad, implementation and coordination of the research of Slovak as a foreign language, realisation of international and domestic research projects and activities aimed at creating and publishing academic Slovakist material and textbooks of Slovak as a foreign language. Besides the SAS being an expert centre for Slovak as a foreign language, it also traditionally participates in scientific methodical preparation for lecturers of Slovak as a foreign language at universities abroad. The result of the cooperation with the lectorates and foreign Slavists builds a database of Slavonic studies abroad. Another part of the Centre's activities is the annual organisation and realisation of a Summer School of Slovak Language and Culture *Studia Academica Slovaca*, which has been offered to foreign applicants since 1965. The Methodical Centre SAS reassumed its successful history in 1992, and in 2006 it was transformed into SAS – The Centre for Slovak as a Foreign Language. In its almost half-century of existence of SAS, almost 6 000 foreign alumni interested in Slovak language, culture and realia from more than 50 countries all over the world have utilised its services. On the grounds of Studia Academica Slovaca the basis of scientific description and didactics of Slovak as a foreign language was laid, and the first textbooks and didactics of Slovak as a foreign language were written. In relation to its wide tradition and experience, SAS currently works as a coordination and information centre with slovakiawide as well as an exterior sphere of activity.

The activities focus on the education of foreigners interested in Slovak language and culture.

In 2006 the SAS Centre acquired accreditation from the Ministry of Education of the Slovak Republic for providing educational activities concerning Slovak as a Foreign Language – language courses in contact and distance form for all levels of language development including beginners (A1, A2), intermediate and upper-intermediate (B1, B2) and advanced (C1, C2). Their contents are published in printed version [17] and published on the web [18]. Based on a grant from the Ministry of Education of the Slovak Republic under the project Educational Programme Slovak as a Foreign Language, SAS offers those who are interested in Slovak language a Slovak e-learning course for level A1 (Basic User – Breakthrough) and level A2 (Basic User – Waystage). The objective of the project is to create both content and forms of language development for foreigners on individual levels corresponding to The

Common European Framework of Reference for Languages, as well as to specify individual criteria of the evaluation and certification of language competence. The main scope is the preparation of standard and specialised learning materials for students and methodical materials for teachers. Every year a Methodical seminary on Slovak as a foreign language for teachers of grammar and secondary schools abroad and for university lectors takes place to inform about new approaching linguistics, literature, culture and didactics of Slovak as a foreign language.
A product of the implementation of the project by the Studia Academica Slovaca group "Educational programme Slovak as a Foreign Language", the Faculty of Arts of Comenius University has been awarded the *European label 2007* by the European Commission in the field of language education.

3.4.3 Summer School of Slovak Language and Culture

The Summer School of Slovak Language and Culture Studia Academica Slovaca is aimed at Slovakists and Slavists abroad, cultural workers, managers, lecturers, language teachers, translators and all those interested in studying Slovak language and culture. The aim of the course is to enable students to acquire and improve their Slovak language competence on various levels, as well as to extend their knowledge in Slovak linguistics, literature, history and culture.

> The aim is to enable students to acquire and improve their Slovak language.

Established in 1965, Summer School SAS is the oldest summer university in Slovakia and has been under the name Studia Academica Slovaca since 1966. Since its establishment, SAS has continually maintained its profile of Slovakist academic studies. The Summer School SAS is usually attended by approximately 150 participants from more than 25 countries all over the world. Those creating and holding the seminars are professional teachers and lecturers, experts in teaching Slovak as a foreign language, often experienced in teaching in Slovakia as well as abroad.

3.5 SLOVAK NATIONAL CORPUS

The creation of the Slovak National Corpus Department of Ľ. Štúr Institute of Linguistics has been stimulated by the worldwide trend involving the language and information technology development, the need to create the source data for dictionaries. The department was founded in 2002 with the support of the Ministry of Culture of the Slovak Republic (program for maintaining the national language), the Ministry of Education (informatisation and use of innovative methods in teaching) and the Slovak Academy of Sciences. An eight-member team of predominantly young scientists is involved in the project: Construction of the Slovak National Corpus and the electronisation of linguistic research in Slovakia [20].
In the initial stages of forming the department, its corpus database, and the specific tools for its construction and use, the Slovak National Corpus department regularly held scientific seminars presented by eminent foreign specialists. Selected contributions were compiled in publication [21]. Since 2005 the Slovak National Corpus team has organised the biennial international conference Slovko [22] on natural language processing and corpus linguistic research, with participation by Slovak as well as foreign researchers (from Austria, Bulgaria, Croatia, the Czech Republic, France, Germany, Hungary, Poland, Russia, Slovenia, Spain, Ukraine, etc.). The published conference proceedings contain contributions on the preparation, research, and

results of diverse national and international projects in the field of construction and use of general and specific corpora and databases, in the field of language analysis and synthesis, automatic translations, computer lexicography and terminography, e-learning etc.

The department members have been involved in 7 Slovak projects and 6 international projects and cooperation. In 2005 they were awarded the Slovak Academy of Sciences Prize for construction of scientific infrastructure.

3.5.1 Corpus of Written Language

The primary, general corpus ***prim*** covers Slovak texts which arose after the year 1955. Three major styles are represented in the corpus: journalistic, fiction, professional (including popular science) as well as various other genres and areas. The corpus database comprises texts from throughout Slovakia as well as texts by Slovaks living abroad, texts originally in Slovak and translated from other languages. For specialised research, the general corpus *prim-*-all* can be divided into independent subcorpora:

- *sane* – does not contain linguistic texts, texts without diacritics, texts from Slovaks living abroad etc.
- *vyv* – journalistic, fiction, and professional texts are represented by a third share each
- *inf* – journalistic texts only
- *prf* – professional texts only
- *img* – fiction texts only
- *skimg* – original Slovak fiction texts only

The use of the texts the in Slovak National Corpus is governed by the provisions of the Copyright Act.

The corpus texts and text units are accompanied by: external, bibliographical, style, and genre annotation [24] and internal, morphological or morphosyntactic annotation [25]. All the words are lemmatised.

3.5.2 Corpus of Spoken Language

The database of the Spoken Corpus of Slovak [26] contains audio records of spontaneous and semi-prepared speech from the entire Slovak territory and their text transcripts. Specific characteristics of spoken language are selectively captured in the transcripts, such as irregular structure of an utterance, pronunciation variants, means of speech modulation, and presence of the non-linguistic elements. The Spoken Corpus of Slovak provides material for research and description of the real form of contemporary standard spoken Slovak.

3.5.3 Slovak Terminology Database

The Slovak Terminology Database [27] includes Slovak terms and relevant terminological information from various disciplines. The database serves for the stabilizing and unification of terminological systems, through the cooperation of linguists and experts from relevant professional fields. Its aim is to summarise and standardise the Slovak terminology. The terms are obtained from the specialised professional corpora (corpus of law texts, economy texts, etc.).

3.5.4 Parallel Corpora

Currently, in the Slovak National Corpus Department there are available Slovak-Russian [28], Slovak-French [29], Slovak-English [30], Slovak-Czech [31] parallel corpora.

3.5.5 Linguistic Resources

The most renowned and usable product of linguistic research electronisation in Slovakia is a free file of the electronic forms of up-to-date editions of the Short Dictionary of Slovak, Rules of Slovak Orthography, Slovak Synonym Dictionary, Dictionary of Foreign Words, and the older Slovník slovenského jazyka [32] as well as other dictionary works, monographs, miscellanies, and linguistic periodicals [33]. On average, 40 000 input queries are searched a day in the database.

4

LANGUAGE TECHNOLOGY SUPPORT FOR SLOVAK

Language technologies are information technologies specialised in human language processing. Therefore these technologies are also often subsumed under the term human language technology. Human language occurs in spoken and written form. While speech is the oldest and most natural mode of language communication, complex information and the bulk of human knowledge is recorded and transmitted in written texts. Speech and text technologies process or produce language in these two forms. However, language also has aspects common to both forms such as dictionaries, most of the grammar, and the meaning of sentences. Thus, large parts of language technology cannot be subsumed under either speech or text technologies. Knowledge technologies include technologies that link language to knowledge. Figure 2 illustrates the language technology in context. In our communication, we mix language with other modes of communication and other information media. We combine speech with gestures and facial expressions. Texts can be combined with pictures and sounds. Films may contain language in spoken and written form. Thus, speech and text technologies overlap and interact with many other technologies that facilitate the processing of multi-modal communication and multimedia documents. In this section, we will discuss the main application areas of language technology, i. e., language checking, web search, speech interaction, and machine translation. These applications and basic technologies include

- spelling correction
- authoring support
- computer-assisted language learning
- information retrieval
- information extraction
- text summarisation
- question answering
- speech recognition
- speech synthesis

Language technology is an established area of research with an extensive set of introductory literature. The interested reader is referred to the following references: [34, 35, 36, 37, 38].

Before discussing the above application areas, we will briefly describe the architecture of a typical LT system.

4.1 APPLICATION ARCHITECTURES

Typical software applications for language processing consist of several components that mirror different aspects of language and of the task they implement. Figure 3 displays a highly simplified architecture that can be found in a text processing system. The first three modules deal with the structure and meaning of the text input:

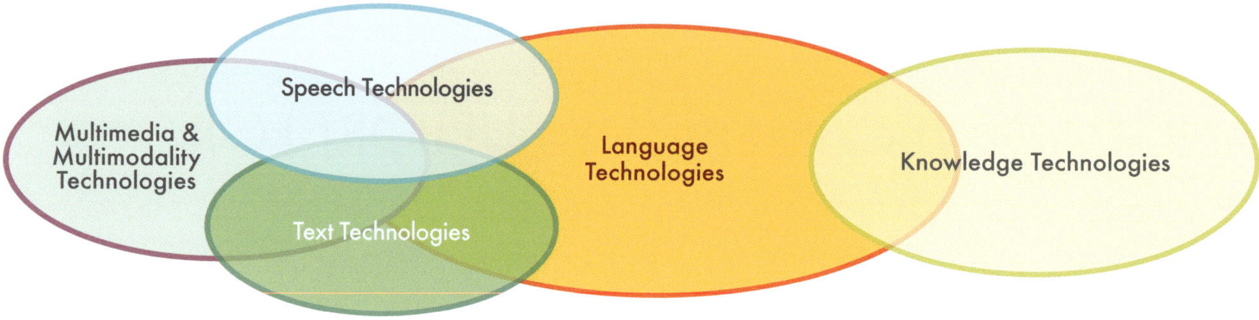

2: Language technologies

1. Pre-processing: cleans the data, analyses or removes formatting, detects the input languages, detects if the text lacks diacritics and so on.
2. Grammatical analysis: finds the verb, its objects, modifiers and other sentence elements; detects the sentence structure.
3. Semantic analysis: disambiguation (Which meaning of *mier* is the right one in a given context?), resolving anaphora and referring expressions like *on*, *to auto*, etc.; representing the meaning of the sentence in a machine-readable way.

Task-specific modules then perform many different operations such as automatic summarisation of an input text, database look-ups and many others. In figure 3, we will illustrate core application areas and highlight their core modules. Again, the architectures of the applications are highly simplified and idealised, to illustrate the complexity of Language Technology applications in a generally understandable way.

After introducing the core application areas, we will give a short overview of the situation in language technology research and education, concluding with an overview of past and ongoing research programs. Finally, we will present an expert estimation on the situation regarding core language technology tools and resources on a number of dimensions such as availability, maturity, or quality. The general situation of LT for the Slovak language is summarised in figure 8 (p. 68) at the end of this chapter. This table lists all tools and resources that are boldfaced in the text. LT support for Slovak is also compared to other languages that are part of this series.

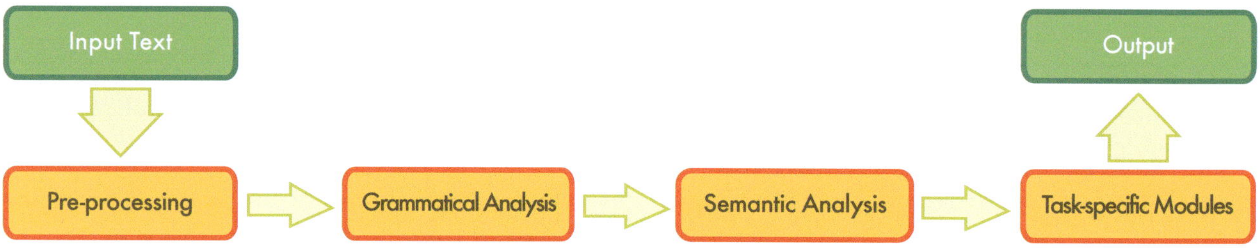

3: A typical text processing architecture

4.2 CORE APPLICATION AREAS

4.2.1 Language Checking

Anyone using a word processing tool such as Microsoft Word has come across a spell checking component that indicates spelling mistakes and proposes corrections. 40 years after the first spelling correction program by Ralph Gorin, language checkers nowadays do not simply compare the list of extracted words against a dictionary of correctly spelled words, but have become increasingly sophisticated. In addition to language-dependent algorithms for handling morphology (e. g., plural formation), some are now capable of recognizing syntax–related errors, such as a missing verb or a verb that does not agree with its subject in person and number, e. g., in 'She **write* a letter.' However, most available spell checkers (including Microsoft Word) will find no errors in the following first verse of a poem by Jerrold H. Zar (1992) [39]:

> *Eye have a spelling chequer,*
> *It came with my Pea Sea.*
> *It plane lee marks four my revue*
> *Miss Steaks I can knot sea.*

For handling these types of errors, analysis of the context is needed in many cases, e. g., for deciding if a word needs to be written with "y" or "i", as in:

> *Kto chce psa biť, palicu si nájde.*
> *[He who wants to beat a dog will find a stick.]*
> *Kto chce psom byť, pána si nájde.*
> *[He who wants to be a dog will find his master.]*

This either requires the formulation of language-specific grammar rules, i. e., a high degree of expertise and manual labour, or the use of a so-called statistical language model. Such models calculate the probability of a particular word occurring in a specific environment (i. e., the preceding and following words). For example, *chce psom byť* is a much more probable word sequence than *chce psom biť*, and *chce psa biť* is a much more probable sentence than *chce psa byť* (nevertheless, we can contrive contexts where all four sequences are grammatical). A statistical language model can be automatically derived using a large amount of (correct) language data (i. e., a corpus). Up to now, these approaches have mostly been developed and evaluated on English language data. However, they do not necessarily transfer straightforwardly to Slovak with its flexible word order and richer inflection.

The use of Language Checking is not limited to word processing tools, but is also applied in authoring support systems. Accompanying the rising number of technical products, the amount of technical documentation has rapidly increased over the last decades. Fearing customer complaints about wrong usage and damage claims resulting from bad or badly understood instructions, companies have begun to increasingly focus on the quality of technical documentation, at the same time targeting the international market. Advances in NLP lead to the development of authoring support software, which assists the writer of technical documentation to use vocabulary and sentence structures consistent with certain rules and terminology restrictions.

Spelling checkers for Slovak are mostly based on a dictionary of basic word forms (lemmas).

The existing spelling checkers for Slovak are mostly based on a dictionary of basic word forms (lemmas) combined with a set of morphological rules enabling the analysis or generation of all (correct) word forms. Although this simple approach seems to be satisfactory, it has two substantial drawbacks. The first issue concerns the superficially correct word forms appearing in a wrong context. The second drawback is the inability to distinguish between real spelling errors and word forms

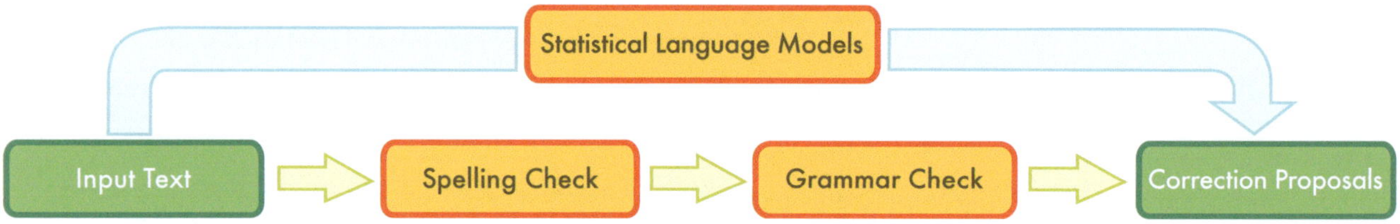

4: Language checking (top: statistical; bottom: rule-based)

which are correct, but which are not contained in the dictionary. Such words will always exist due to the natural enhancement of a lexicon by newly created words, by new scientific or technical terms etc.

Besides spell checkers and authoring support, Language Checking is also important in the field of computer-assisted language learning. Language checking applications also automatically correct search engine queries, e. g., Google's 'Did you mean…' suggestions.

4.2.2 Web Search

Searching on the web, in intranets, or in digital libraries is probably the most widely used and yet underdeveloped Language Technology today. The search engine Google, which started in 1998, is nowadays used for about 80% of all search queries world-wide. In 2006, the verb *googlovať/googliť* very narrowly missed being included in the first volume of the new Dictionary of Contemporary Slovak Language (*Slovník súčasného slovenského jazyka*), a fact that is over being used to reproach the dictionary authors for. Neither the search interface nor the presentation of the retrieved results have significantly changed since the first version. In the current version, Google offers a spelling correction for misspelled words and also, in 2009, incorporated basic semantic search capabilities into their algorithmic mix [40], which can improve search accuracy by analysing the meaning of the query terms in context.

The success story of Google shows that with a lot of data at hand and efficient techniques for indexing these data, a mainly statistically-based approach can lead to satisfactory results. However, for a more sophisticated request for information, integrating deeper linguistic knowledge is essential. In research labs, experiments using machine-readable thesauri and ontological language resources like WordNet, have shown improvements by allowing to find a page on the basis of synonyms of the search terms, e. g., *jadrová*, *atómová* and *nukleárna energia* (nuclear, atomic and nuclear energy) or even more loosely related terms.

The next generation of search engines will have to include much more sophisticated Language Technology.

The next generation of search engines will have to include much more sophisticated Language Technology. If a search query consists of a question or another type of sentence rather than a list of keywords, retrieving relevant answers to this query requires an analysis of this sentence on a syntactic and semantic level as well as the availability of an index that allows for a fast retrieval of the relevant documents. For example, imagine a user inputs the query 'Give me a list of all companies that were taken over by other companies in the last five years'. For a satisfactory answer, syntactic parsing needs to be applied to analyse the grammatical structure of the sentence and determine that the user is looking for companies that have been taken over and not companies that took over others. Also, the expression *last five years*

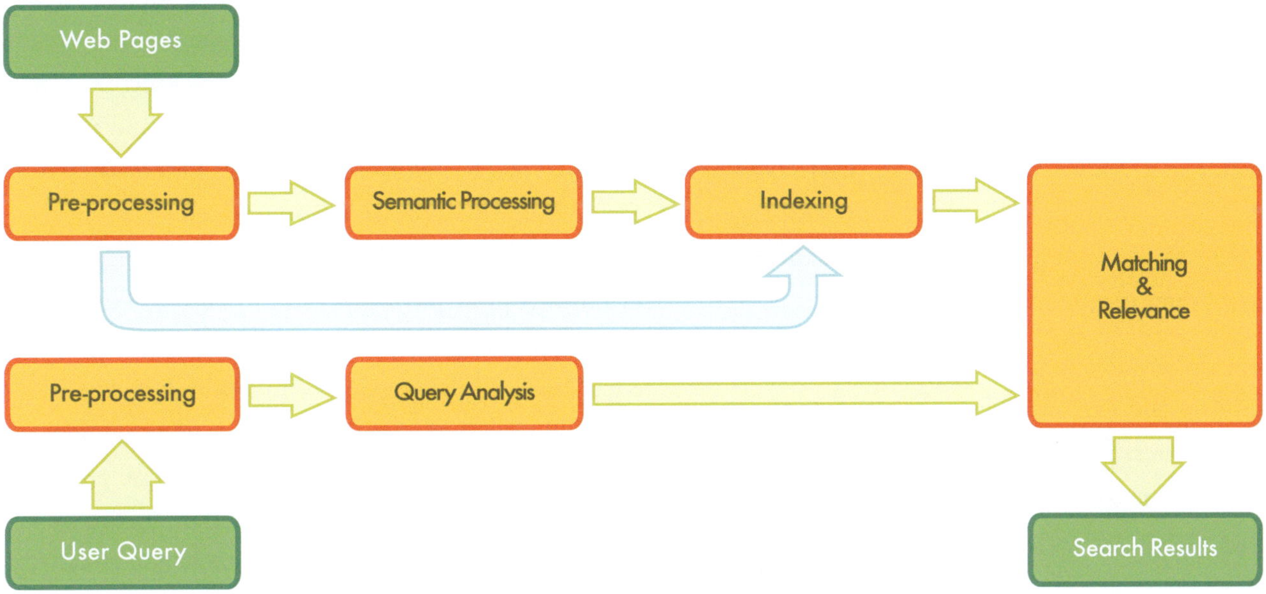

5: Web search architecture

needs to be processed in order to find out which years it refers to.

Finally, the processed query needs to be matched against a huge amount of unstructured data in order to find the piece or pieces of information the user is looking for. This is commonly referred to as information retrieval and involves the search for and ranking of relevant documents. In addition to generating a list of companies, we also need to extract the information that a particular string of words in a document refers to a company name. This kind of information is made available by so-called named-entity recognisers.

Even more demanding is the attempt to match a query to documents written in a different language. For cross-lingual information retrieval, we have to automatically translate the query to all possible source languages and transfer the retrieved information back to the target language. The increasing percentage of data available in non-textual formats drives the demand for services enabling multimedia information retrieval, i. e., information search on images, audio, and video data. For audio and video files, this involves a **speech recognition** module to convert speech content into text or a phonetic representation, to which user queries can be matched.

In Slovakia, there were several different small and medium enterprises (SMEs) developing search technologies, or search technologies developed by Czech SMEs were used. The first Slovak search engine taking Slovak morphology (developed at the Faculty of Mathematics and Physics, Charles University, Prague) into account was *morfeo.sk*, run by the internet portal *centrum.sk*, which started to provide a fulltext search of the *.sk* domain webpages in 2003. It used lemmatisation and morphology annotation to look for inflected words in order to be able to provide the user with more relevant results than those including the basic forms of the words. It also included fuzzy search possibilities and search by synonyms. By 2009 the number of indexed pages was over 117 million. Since that time, Google has already included Slovak morphology support and surpassed the number of the indexed pages and *centrum.sk* has switched to a customised Google Search.

One of the enterprises engaged in this field is Forma s. r. o. [41], a company that developed three linguistic modules: speech check, hyphenator, lemmatiser and thesaurus, on the basis of data obtained from the Ľ. Štúr Institute of Linguistics of the Slovak Academy of Sciences. The company also developed separate programs for full-text Slovak search and still operates online versions of some older dictionaries.

Focus on development for search technologies lies in providing add-ons and advanced search engines for special-interest portals by exploiting topic-relevant semantics. Due to the still high demands in processing power, such search engines are only economically usable in relatively small **text corpora**. The processing time easily exceeds that of a common statistical search engine as, e. g., provided by Google by a magnitude of thousands. These search engines also have a high demand in topic-specific domain modelling, making it infeasible to use these mechanisms on a web scale.

Research in this field is mainly performed by the Institute of Informatics of the Slovak Academy of Sciences, which started to deal with the processing of written natural language in 2006. At the same time, WIKT [42] workshops, containing several articles or even entire sections dedicated to the processing of Slovak language in each year have been initiated. Since 2006, the research in the Institute of Informatics in cooperation with Pavol Jozef Šafárik University in Košice has been mainly performed within the NAZOU [43] project aimed at the development of the tools for obtaining, processing, organising and presenting Internet information. Job offers represented a specific application with the tools having been tested on Slovak job offers as well. The Institute prepared an analysis of processing texts in Slovak [44] and, at the same time, Ontea [45], a tool for extracting of information [46, 47] was developed. The tool was later integrated with the tools for language identification [48] and lemmatisation [49].

Ontea works on the basis of searching for patterns, which can either be linguistically dependent patterns, such as use of prepositions and sentence structure, but also simpler patterns, such as use of capitals and abbreviations e. g. s. r. o. and a. s. for searching for businesses, *SK, SKK, EUR, EURO, €* for price searching, or abbreviations of Slovak first names for searching for people in a text. A principle is applicable to various languages, but the patterns have to be made for a specific language, e. g., Slovak. At the present, the Ontea tool is being improved for use in the processing of e-mail communication. The system was tested within the AIIA project [50, 51] on Slovak e-mails from the Anasoft company and SANET association. Ontea not only uses the patterns, but also dictionaries (gazetteers) as well as their combinations in order to extract and identify entities in a text. Since the use of dictionaries (but also some patterns) can cause problems with the identification of an entity that is in other than basic form, use of lemmatiser seems to be appropriate. Since the entities are mostly of a nomenclatural nature, such as people, locations, product names, names of projects or services, they are difficult to be lemmatised. Although the problems have not yet been successfully resolved, they could be settled by a new method with the combination of dictionaries, character based tokenisation, lemmatisation, and verification of an entity in a dictionary.

The extraction of entities using patterns was also used in an experiment with large group of data, when Slovak websites were processed with an aim of extraction of geographical data (Slovak addresses) and their subsequent finding [52].

4.2.3 Speech Technology

Speech technology is the basis for the creation of interfaces that allow a user to interact with machines using spoken language rather than with graphical display, keyboard, and mouse. Today these voice user interfaces

(VUIs) are employed for partially or fully automating service offerings provided by companies to their customers, employees, or partners via telephone. Business domains that rely heavily on VUIs are banking, logistics, public transportation, and telecommunications. Other usages of Speech technology are interfaces to particular devices such as in-car navigation systems, and the employment of spoken language as an alternative to the input/output modalities of graphical user interfaces, e. g., in smartphones or tablets.

At its core, Speech technology comprises the following four different technologies:

1. Automatic **speech recognition** (ASR) is responsible for determining which words were actually spoken given a sequence of sounds uttered by a user.
2. Syntactic analysis and semantic interpretation deal with analysing the syntactic structure of a user's utterance and interpreting the latter according to the purpose of the respective system.
3. Dialogue management is required for determining, on the part of the system the user interacts with, which action shall be taken given the user's input and the functionality of the system.
4. **Speech synthesis** (Text-to-Speech, TTS) technology is employed for transforming the wording of that utterance into sounds that will be output to the user.

One of the major challenges is to have an ASR system recognising the words uttered by a user as precisely as possible. This requires either a restriction of the range of possible user utterances to a limited set of keywords, or the manual creation of language models that cover a large range of natural language user utterances. A fundamental requirement for good performance is also a well trained acoustic model based on a huge amount of recorded data covering different accents, age groups, genders etc. Whereas the former results in a rather rigid and inflexible usage of a VUI and possibly causes a poor user acceptance, the creation, tuning and maintenance of acoustic and language models may increase the costs significantly. However, VUIs that employ language models and initially allow a user to flexibly express their intent – evoked by a 'How may I help you' greeting – show both a higher automation rate and higher user acceptance and may therefore be considered as advantageous over a less flexibly directed dialogue approach. An exception to the above mentioned are so-called embedded systems. They require a small set of commands and the usage of language models in such cases is a disadvantage. Embedded systems are today still successfully built with **grammars**. For the output part of a VUI, companies tend to use utterances pre-recorded by professional – ideally corporate – speakers a lot. Static utterances in which the wording does not depend on the particular contexts of use or the personal data of the given users will result in a rich user experience. However, the more dynamic the content an utterance needs to consider, the more the user experience may suffer from a poor prosody resulting from concatenating single audio files. In contrast, today's TTS systems prove superior, though optimisable, regarding the prosodic naturalness of dynamic utterances.

Regarding the market for Speech technology, the last decade underwent a strong standardisation of the interfaces between the different technology components, as well as by standards for creating particular software artefacts for a given application. There also has been strong market consolidation in the last ten years, particularly in the field of ASR and TTS. Here, the national markets in the G20 countries – i. e., economically strong countries with a considerable population - are dominated by few big players worldwide led mainly by Nuance, Google and Microsoft.

Speech recognition in Slovakia has a long history but has been done only at universities or scientific institu-

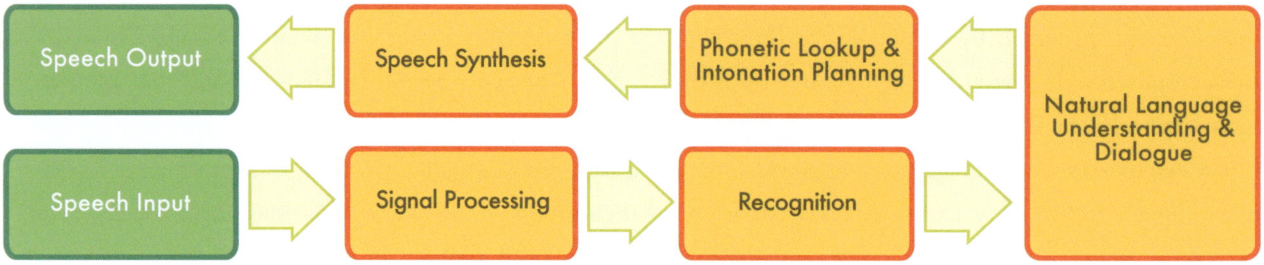

6: Speech-based dialogue system

tions. Most places focus on basic research and solutions of specific problems of speech recognition. The Department of Speech Analysis and Synthesis of the Institute of Informatics of the Slovak Academy of Sciences as a participant of the SpeechDat-E project focuses mainly on acoustic models for telephony systems. With a growing number of speech data such as for example parliamentary discussions the institute is using existing tools for speech recognition to try to create widely usable acoustic models for applications such as dictation, talk transcription, etc. with focus on speaker dependent systems. The main focus of the Department of Telecommunication of the Slovak Technical University in Bratislava is the processing of speech signals in noisy conditions (speech/silence detection, features extraction, etc.). Among others, the department created several small speech recognition systems to compare the performance and usability of different free speech recognition systems for the Slovak language. At the Technical University of Košice there are several departments focusing on automatic speech recognition. The Department of Electronics and Multimedia Communications, which was originally focused mainly on basic research for the digital processing of speech signals, has gradually extended its research focus toward developing complex interactive speech systems. A few years ago in cooperation with research teams from the Slovak Academy of Sciences, Slovak University of Technology and University of Žilina the Smart Speech Communication System was developed at the Department of Electronics and Multimedia Communications. The system is available to public and continually serves as a demonstrator of the speech interactive services in Slovak over the telephone. Today one of the most noticeable outputs represents the activities in the field of language modelling for the Slovak large vocabulary continuous speech recognition system. The language model created at the department is based on a corpus of $2 \cdot 10^9$ tokens.

The second important workplace at the Technical University of Košice is the Department of Cybernetics and Artificial Intelligence where the first voice retrieval information dialogue system and SAMPA for the Slovak language were created. Today the speech recognition activities at the department plays a rather minor role. The Department of Applied Mathematics and Statistics of the Faculty of Mathematics, Physics and Informatics at Comenius University in Bratislava is working mainly on speech recognition of isolated words for children's voices. The results were applied in an educational process to verify a text read by children. From the audio data recorded for the acoustic model training two speech databases have been created (*Alica* and *Viktória*). The main institution for speech recognition at the University of Žilina is the Department of Telecommunications and Multimedia. Its team focuses mainly on digital signal processing for speech recognition and recognition of isolated words using Hidden Markov Models. Close cooperation between the Department of Electronics and Multimedia Communications of the Technical University of Košice and the Department of Speech Analysis and Synthesis of the Institute of Informatics of the Slovak Academy of Sciences resulted in the first visible success in developing the Slovak large vocabulary continuous speech recognition system. The result of the cooperation is an automatic speech dictation system commercially usable in judiciary.

Regarding commercial systems for Slovak **speech recognition**, it is worth mentioning the product from Newton Technology Company. It can be considered as the first usable speaker independent dictation system for the Slovak language. Looking beyond today's state of technology, there will be significant changes due to the spread of smartphones as a new platform for managing customer relationships – in addition to the telephone, internet, and email channels. This tendency will also affect the employment of technology for Speech Interaction. On one hand, demand for telephony-based VUIs will decrease in long run. On the other hand, the usage of spoken language as a user-friendly input modality for smartphones will gain significant importance. This tendency is supported by the observable improvement of speaker-independent **speech recognition** accuracy for speech dictation services that are already offered as centralised services to smartphone users. Given this 'outsourcing' of the recognition task to the infrastructure of applications, the application-specific employment of linguistic core technologies will supposedly gain importance compared to the present situation.

4.2.4 Machine Translation

The idea of using digital computers for the translation of natural languages came up in 1946 by A. D. Booth and was followed by substantial funding for research in this area in the 1950s and beginning again in the 1980s. Nevertheless, **Machine Translation** (MT) still fails to fulfil the high expectations it gave rise to in its early years.

At its basic level, MT simply substitutes words in one natural language with words in another. This can be useful in subject domains with a very restricted, formulaic language, e. g., weather reports. However, for a good translation of less standardised texts, larger text units (phrases, sentences, or even whole passages) need to be matched to their closest counterparts in the target language. The major difficulty here lies in the fact that human language is ambiguous, which yields challenges on multiple levels, e. g., word sense disambiguation at the lexical level ('Leopard' can mean an animal or an operating system) or the attachment of attributes on the syntactic level as in:

> *Otcovi priatelia neprišli, moji áno.*
> [Father's friends did not come, mine did.]
> *Otcovi priatelia neprišli, mne áno.*
> [The friends did not come to the father, [but] to me.]

One way of approaching the task is based on linguistic rules. For translations between closely related languages, a direct translation may be feasible in cases like the example above. But often, rule-based (or knowledge-driven) systems analyse the input text and create an intermediary, symbolic representation from which the text in the target language is generated. The success of these methods is highly dependent on the availability of extensive lexicons with morphological, syntactic and semantic information as well as large sets of grammar rules carefully designed by a skilled linguist. Beginning in the late 1980s, as computational power increased and became less expensive, more interest was shown in statistical models for MT. The parameters of these statistical models are derived from the analysis of bilingual **text corpora** such as the Europarl parallel corpus, which contains the proceedings of the European

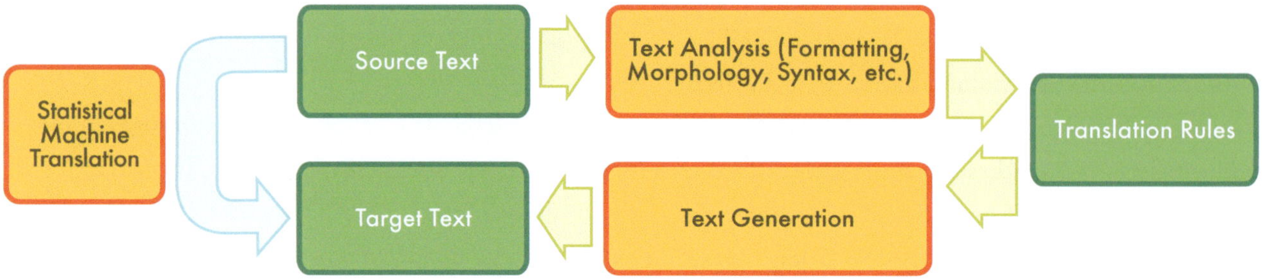

7: Machine translation (left: statistical; right: rule-based)

Parliament in 21 European languages. Given enough data, statistical MT works well enough to derive an approximate meaning of a foreign language text. However, unlike knowledge-driven systems, statistical (or data-driven) MT often generates ungrammatical output. On the other hand, besides the advantage that less human effort is required for grammar writing, data-driven MT can also cover particularities of the language that go missing in knowledge-driven systems, for example idiomatic expressions.

As the strengths and weaknesses of knowledge- and data-driven MT are complementary, researchers nowadays unanimously target hybrid approaches by combining the methodologies of both. This can be done in several ways. One is to use both knowledge-driven and data-driven systems and have a selection module decide on the best output for each sentence. However, for longer sentences, no result will be perfect. A better solution is to combine the best parts of each sentence from multiple outputs, which can be fairly complex, as corresponding parts of multiple alternatives are not always obvious and need to be aligned.

In the 1990s a prototype of MT between closely related languages was proposed for the pair Czech and Slovak at Charles University in Prague.

TEOS Trenčín markets the first practical multilingual MT software for the Slovak language, bundled with their PC dictionary software. However, since the system did not use any further linguistic analysis and simply substituted words from one language with words in the other language (mostly limited to lemmas), its usability was limited to languages that do not have much morphology – i. e., English. A later version allowed to translate webpages on the fly, a functionality that is particularly useful in the English → Slovak translation, which coincidentally was the only translation direction that "worked".

The quality of MT systems is still considered to have a huge improvement potential. Challenges include the adaptability of the language resources to a given subject domain or user area and the integration into existing workflows with term bases and translation memories. In addition, most of the current systems (not limited to the Slovak language) are English-centred. In particular, Google Translator offers the best translation quality for translations from/to English.

The availability of large amounts of bilingual texts is really the key in statistical MT. For Slovak, corpora of parallel texts with several other languages are currently being created. The largest data – in total several million pairs of sentences – is available in the Slovak-Czech and Slovak-English **parallel corpora** compiled at the Ľ. Štúr Institute of Linguistics. The corpora contain mostly fiction and are automatically sentence aligned.

Figure 8 (p. 27), which was prepared during the EC Euromatrix+ project, shows the pair-wise performances obtained for 22 of the 23 official EU languages (Irish was not compared). The results are ranked according to a BLEU score, which indicates higher scores for better translations [54]. A human translator would normally achieve a score of around 80 points.

The quality of MT systems is still considered to have a huge improvement potential.

4.3 OTHER APPLICATION AREAS

Building Language Technology applications involves a range of subtasks that do not always surface at the level of interaction with the user, but provide significant service functionalities 'under the hood' of the system. Therefore, they constitute important research issues that have become individual sub-disciplines of Computational Linguistics in academia.

Question answering has become an active area of research, for which annotated corpora have been built and scientific competitions have been started. The idea is to move from a keyword-based search (to which the engine responds with a whole collection of potentially relevant documents) to the scenario of the user asking a concrete question and the system providing a single answer:

Question: How old was Neil Armstrong when he stepped on the moon?

Answer: 38.

While this is obviously related to the aforementioned core area Web Search, question answering nowadays is primarily an umbrella term for research questions such as what *types* of questions should be distinguished and how they should be handled, how a set of documents that potentially contain the answer can be analysed and compared (do they give conflicting answers?), and how specific information – the answer – can be reliably extracted from a document, without unduly ignoring the context.

This is in turn related to the information extraction (IE) task, an area that was extremely popular and influential at the time of the 'statistical turn' in Computational Linguistics in the early 1990s. IE aims at identifying specific pieces of information in specific classes of documents; this could be, e. g., the detection of the key players in company takeovers as reported in newspaper stories. Another scenario that has been worked on is reports on terrorist incidents, where the problem is to map the text to a template specifying the perpetrator, the target, time and location of the incident and the results of the incident. Domain-specific template-filling is the central characteristic of IE, which for this reason is another example of a 'behind the scenes' technology that constitutes a well-demarcated research area but for practical purposes then needs to be embedded into a suitable application environment.

The JBOWL (Java Bag-Of-Words Library) software library was developed at the Centre for Information Technologies (FEI-CIT) in Košice for the support of NLP and Text Mining applications. JBOWL is a modular system enabling the maintenance of textual documents. It provides functions and the means of supporting the processing of natural language texts (e. g., tokenisation, morphological analysis, lemmatisation, disambiguation, syntactic analysis based on ATN networks, clustering and phrase identification, term weighting and indexing) as well as the knowledge discovery and mining from unstructured textual documents. In addition, the system provides implementations of several algorithms of controlled and uncontrolled machine learning with customisable input parameters and methods for evaluating the quality of Text Mining models.

Two 'borderline' areas, which sometimes play the role of a standalone application and sometimes that of a supportive, 'under the hood' component are text summarisation and **text generation**. Summarisation, obviously, refers to the task of making a long text short, and is offered for instance as a functionality within MS Word. It works largely on a statistical basis by first identifying 'important' words in a text (that is, for example, words that are highly frequent in this text but markedly less frequent in general language use) and then determining those sentences that contain many important words. These sentences are then marked in the document, or extracted from it, and are taken to constitute the summary. In this scenario, which is by far the most popular one, summarisation equals sentence extraction: the text is reduced to a subset of its sentences. All commercial summarisers make use of this idea. An alternative approach, to which some research is devoted, is to actually synthesise *new* sentences, i. e., to build a summary of sentences that need not show up in that form in the source text. This requires a certain amount of deeper understanding of the text and therefore is much less robust. All in all, a text generator is in most cases not a stand-alone application but embedded into a larger software environment such as a clinical information system where patient data is collected, stored and processed, and report generation is just one of many functions.

The software library was developed at the Centre for Information Technologies in Košice to maintain textual documents.

4.4 LANGUAGE TECHNOLOGY IN EDUCATION

Language Technology is a highly interdisciplinary field involving the expertise of linguists, computer scientists, mathematicians, philosophers, psycholinguists, and neuroscientists among others. As such, it has not yet acquired a fixed place in the Slovak faculty system.

A course on information retrieval, information extraction, graph algorithms for their support and processing large amounts of data can be studied at the Institute of Informatics.

Since 2007 the researchers from the Institute of Informatics of the Slovak Academy of Sciences (Michal Laclavík and Martin Šeleng) have been teaching the Information retrieval course [55] at the Faculty of Information Technologies of the Slovak Technical University. This course focuses on such themes as information retrieval, information extraction, graph algorithms for their support as well as processing large amounts of data. The students solve various practical projects in this domain, while many of them use Slovak text sources, and some of them directly solve the NLP problems of Slovak language processing. As an example, let us mention several projects aimed at the creation of a statistical, dictionary-oriented or algorithmic stemmer based on the "snowball" or "Egothor" projects, and at the determination of the efficiency and statistics for the simple stemmers which function on the principle of omitting the vowels, diacritic marks or, eventually, word endings etc. At the same time, there are also statistical translation projects or the automatic dictionary creation between the Slovak or other languages (English, Czech). Finally, let us mention the projects utilising dictionaries or frequency language dictionaries for applications such as T9, named entities extraction using computer learning methods and libraries such as OpenNLP, the creation of POS tagging algorithms as well as the extraction of events from e-mails or from Slovak webpages and the like.

There is no regular Computational Linguistics study programme otherwise.

4.5 NATIONAL PROJECTS AND INITIATIVES

In Slovakia, the language technologies and their development are still considered mostly a scientific area and are included predominantly in applied research, either linguistic (particularly lexicography) or computer science. The connection with the business sector has been rather weak and sporadic. However, recently the language technologies have been making strong and resolute entrance to many software applications.

The first two big government funded research projects with a focus on language technologies and resources in Slovakia were *National Corpus of the Slovak Language and Electronisation of Linguistic Research in the years 2002–2006* and *Integrated Computational Processing of the Slovak Language for Linguistic Research Purposes*, both carried out at Ľ. Štúr Institute of Linguistics, Slovak Academy of Sciences.

National Corpus of the Slovak Language and Electronisation of Linguistic Research in years 2002–2006, approved by a government resolution n. 137/2002, was aimed at building a representative corpus of Slovak language, as a necessary foundation and data source for any linguistic and natural language processing research. The corpus data form the base in compiling the comprehensive Dictionary of Contemporary Slovak.

In this project, the Slovak National Corpus Department was created and subsequently became the leading institution in NLP research in Slovakia. The project continued in its 2nd period as *Construction of Slovak National Corpus and Electronisation of Linguistic Research in Slovakia* (in the years 2007–2011) as agreed by the Ministry of Education of the Slovak Republic, Ministry of Culture of the Slovak Republic and the Slovak Academy of Sciences.

The project *Integrated Computational Processing of the Slovak Language for Linguistic Research Purposes*, n. 2003SP200280307 was carried out in years 2003–2006 in the frame of the State research and development programme *Current Issues in Society Development*. The project supplemented the Slovak language resources with necessary tools and additional data (morphological a stylistic annotation, electronic linguistic resources, terminology database etc.). The results of the project are further used in subsequent projects and also in commercial environment.

Another major project concerning the Slovak language processing was the project *Automatic Transcription of Dictate for the Ministry of Justice of the Slovak Republic*, coordinated by the Department of Speech Analysis and Synthesis of the Institute of Informatics of the Slovak Academy of Sciences, with participation of the Department of Electronics and Multimedia Communications of the Technical University of Košice, carried out in the years 2009–2011. The goal of the project was to create a complete system for transcribing spoken Slovak language, specialised for judicial domain. The project has been funded by the Ministry of Justice of the Slovak Republic, and is currently being deployed commercially in the courts of law throughout the Slovak Republic.

These three projects were so far the only major initiatives concerning natural language processing of the Slovak language. They paved the way for further research and commercial projects, but the need for additional research and its funding is clearly necessary.

4.6 AVAILABILITY OF TOOLS AND RESOURCES

Figure 8 (p. 68) summarises the current state of language technology support for the Slovak language. The rating for existing tools and resources was generated by leading experts in the field who provided estimates based on a scale from 0 (very low) to 6 (very high) according to seven criteria.

	Quantity	Availability	Quality	Coverage	Maturity	Sustainability	Adaptability
Language Technology: Tools, Technologies and Applications							
Speech Recognition	3	1	2	2	3	3	2
Speech Synthesis	3	3	3	3	3	3	3
Grammatical analysis	2	2	3	2	2	3	3
Semantic analysis	1	2	1	1	1	3	3
Text generation	1	1	1	1	0	1	1
Machine translation	2	2	2	2	2	1	2
Language Resources: Resources, Data and Knowledge Bases							
Text corpora	2	4	4	5	4	4	4
Speech corpora	3	4	2	2	3	3	3
Parallel corpora	2	3	2	2	2	2	3
Lexical resources	3	2	3	4	3	4	3
Grammars	2	3	3	2	1	2	1

8: State of language technology support for Slovak

1. Quantity: Does a tool/resource exist for the language at hand? The more tools/resources exist, the higher the rating.
   - 0: no tools/resources whatsoever
   - 6: many tools/resources, large variety
2. Availability: Are tools/resources accessible, i. e.,are they Open Source, freely usable on any platform or only available for a high price or under very restricted conditions?
   - 0: practically all tools/resources are only available for a high price
   - 6: a large amount of tools/resources is freely, openly available under sensible Open Source or Creative Commons licenses that allow re-use and re-purposing (if there are, e. g., two resources, one of them completely open and the other completely closed, we put the average (i. e., 3))
3. Quality: How well are the respective performance criteria of tools and quality indicators of resources met by the best available tools, applications or resources? Are these tools/resources current and also actively maintained?
   - 0: toy resource/tool
   - 6: high-quality tool, human-quality annotations in a resource
4. Coverage: To what degree do the best tools meet the respective coverage criteria (styles, genres, text sorts, linguistic phenomena, types of input/output, number of languages supported by an MT system etc.)? To what degree are resources representative of the targeted language or sublanguages?
   - 0: special-purpose resource or tool, specific case,

very small coverage, only to be used for very specific, non-general use cases

- 6: very broad coverage resource, very robust tool, widely applicable, many languages supported

5. Maturity: Can the tool/resource be considered mature, stable, ready for the market? Can the best available tools/resources be used out-of-the-box or do they have to be adapted? Is the performance of such a technology adequate and ready for production use or is it only a prototype that cannot be used for production systems? An indicator may be whether resources/tools are accepted by the community and successfully used in LT systems.
   - 0: preliminary prototype, toy system, proof-of-concept, example resource exercise
   - 6: immediately integratable/applicable component
6. Sustainability: How well can the tool/resource be maintained/integrated into current IT systems? Does the tool/resource fulfill a certain level of sustainability concerning documentation/manuals, explanation of use cases, front-ends, GUIs etc.? Does it use/employ standard/best-practice programming environments (such as Java EE)? Do industry/research standards/quasi-standards exist and if so, is the tool/resource compliant (data formats etc.)?
   - 0: completely proprietary, ad hoc data formats and APIs
   - 6: full standard-compliance, fully documented
7. Adaptability: How well can the best tools or resources be adapted/extended to new tasks/domains/genres/text types/use cases etc.?
   - 0: practically impossible to adapt a tool/resource to another task, impossible even with large amounts of resources or person months at hand
   - 6: very high level of adaptability; adaptation also very easy and efficiently possible

The key results for the Slovak language are as follows:

- While some specific corpora of high quality exist, a very large syntactically annotated corpus is not available.
- For Slovak, the Slovak National Corpus is the reference language corpus, but only the query interface is generally available, due to licensing restrictions.
- On the other hand, the Corpus of Spoken Slovak is not encumbered by copyright law and is therefore publicly available, but its size is minuscule compared to the corpus of written language.
- Many of the resources lack standardisation, i. e., even if they exist, sustainability is not given; concerted programs and initiatives are needed to standardise data and interchange formats.
- Semantics is more difficult to process than syntax; text semantics is more difficult to process than word and sentence semantics.
- There is an ontological resource for Slovak (even mapped to English ontological resources) but its coverage is limited.
- Standards do exist for semantics in the sense of world knowledge (RDF, OWL, etc.); they are, however, not easily applicable to NLP tasks.
- Written text processing is more mature than speech processing (especially speech recognition)
- Many of the resources taken as standard in other languages are missing for Slovak; NLP language research in Slovakia is severely underfunded.
- Some of the research and development activities for the Slovak language is carried out in the Czech Republic by Czech universities and Czech SMEs.
- Speech Recognition of the Slovak language is studied at several universities and workplaces but the amount of free tools and data is limited.

- In contrast with speech recognition, speech synthesis is less covered by universities and other workplaces.
- In the field of speech synthesis, there are open source packages available together with several other simple synthesizers but the speech synthesis with more natural voices is not available.
- Slovak dialogue systems are not extended due to the poor accessibility of high quality speech recognition modules of the Slovak language.

4.7 CROSS-LANGUAGE COMPARISON

The current state of LT support varies considerably from one language community to another. In order to compare the situation between languages, this section will present an evaluation based on two sample application areas (machine translation and speech processing) and one underlying technology (text analysis), as well as basis resources needed for building LT applications. The languages were categorised using the following five-point scale:

1. excellent support
2. good support
3. moderate support
4. fragmentary support
5. weak or no support

LT support was measured according to the following criteria:

- Speech Processing: Quality of existing speech recognition technologies, quality of existing speech synthesis technologies, coverage of domains, number and size of existing speech corpora, amount and variety of available speech-based applications
- Machine Translation: Quality of existing MT technologies, number of language pairs covered, coverage of linguistic phenomena and domains, quality and size of existing parallel corpora, amount and variety of available MT applications
- Text Analysis: Quality and coverage of existing text analysis technologies (morphology, syntax, semantics), coverage of linguistic phenomena and domains, amount and variety of available applications, quality and size of existing (annotated) text corpora, quality and coverage of existing lexical resources (e. g., WordNet) and grammars
- Resources: Quality and size of existing text corpora, speech corpora and parallel corpora, quality and coverage of existing lexical resources and grammars

4.8 CONCLUSIONS

In this series of white papers, we have made an important effort by assessing the language technology support for 30 European languages, and by providing a high-level comparison across these languages. By identifying the gaps, needs and deficits, the European language technology community and its related stakeholders are now in a position to design a large scale research and development programme aimed at building a truly multilingual, technology-enabled communication across Europe.

This white paper demonstrates that high-quality linguistic research in Slovakia exists; however, the technology industry here is not sufficiently developed. Slovak research exists only in a small number of available technologies and resources. This number is lower than for languages such as Czech and Polish, and substantially lower than for the main EU languages (English, German or French). Slovak language technologies and resources are of noticeably poorer quality.

We cannot really be optimistic about technology support for the Slovak language. There is a nascent research scene in Slovakia concerning Slovak Language LT, mostly in universities, scientific institutions, much like at the small and medium enterprises that focus on basic research and solutions of specific LT problems. Various institutions have devoted their efforts to research and development of the LT products such as production of huge corpora of Slovak (of both written and spoken language), the morphology analysis, machine translation, complex speech interactive system, speech recognition system, etc. But those must be further developed and supported.

According to the assessment detailed in this report, immediate action must be taken before any breakthroughs for the Slovak language can be achieved. It is clear that there must be a greater effort to create LT resources for Slovak, and drive research, innovation and development in general. The need for large amounts of data and the extreme complexity of language technology systems makes it vital to develop a new infrastructure to spur greater sharing and cooperation.

There is also a lack of continuity in research and development funding. Short-term coordinated programmes tend to alternate with periods of low or sparse funding, and there is an overall lack of coordination among programmes in other EU countries and at the European Commission.

A large coordinated effort focused on language technologies would help save the Slovak language, together with other languages, and establish a genuine multilingual agenda for Europe and the world as a whole [56].

Excellent support	Good support	Moderate support	Fragmentary support	Weak/no support
	English	German	Basque	Icelandic
		Italian	Bulgarian	Croatian
		Finnish	Danish	Latvian
		French	Estonian	Lithuanian
		Dutch	Galician	Maltese
		Portuguese	Greek	Romanian
		Spanish	Irish	
		Czech	Catalan	
			Norwegian	
			Polish	
			Swedish	
			Serbian	
			Slovak	
			Slovene	
			Hungarian	

9: Speech processing: state of language technology support for 30 European languages

Excellent support	Good support	Moderate support	Fragmentary support	Weak/no support
	English	French	German	Basque
		Spanish	Italian	Bulgarian
			Catalan	Danish
			Dutch	Estonian
			Polish	Finnish
			Romanian	Galician
			Hungarian	Greek
				Irish
				Icelandic
				Croatian
				Latvian
				Lithuanian
				Maltese
				Norwegian
				Portuguese
				Swedish
				Serbian
				Slovak
				Slovene
				Czech

10: Machine translation: state of language technology support for 30 European languages

Excellent support	Good support	Moderate support	Fragmentary support	Weak/no support
	English	German	Basque	Estonian
		French	Bulgarian	Irish
		Italian	Danish	Icelandic
		Dutch	Finnish	Croatian
		Spanish	Galician	Latvian
			Greek	Lithuanian
			Catalan	Maltese
			Norwegian	Serbian
			Polish	
			Portuguese	
			Romanian	
			Swedish	
			Slovak	
			Slovene	
			Czech	
			Hungarian	

11: Text analysis: state of language technology support for 30 European languages

Excellent support	Good support	Moderate support	Fragmentary support	Weak/no support
	English	German	Basque	Irish
		French	Bulgarian	Icelandic
		Dutch	Danish	Latvian
		Swedish	Estonian	Lithuanian
		Czech	Finnish	Maltese
		Polish	Galician	
		Hungarian	Greek	
		Italian	Catalan	
		Spanish	Croatian	
			Norwegian	
			Portuguese	
			Romanian	
			Serbian	
			Slovak	
			Slovene	

12: Speech and text resources: State of support for 30 European languages

ABOUT META-NET

META-NET is a Network of Excellence partially funded by the European Commission. The network currently consists of 54 research centres in 33 European countries [57]. META-NET forges META, the Multilingual Europe Technology Alliance, a growing community of language technology professionals and organisations in Europe. META-NET fosters the technological foundations for a truly multilingual European information society that:

- makes communication and cooperation possible across languages;
- grants all Europeans equal access to information and knowledge regardless of their language;
- builds upon and advances functionalities of networked information technology.

The network supports a Europe that unites as a single digital market and information space. It stimulates and promotes multilingual technologies for all European languages. These technologies support automatic translation, content production, information processing and knowledge management for a wide variety of subject domains and applications. They also enable intuitive language-based interfaces to technology ranging from household electronics, machinery and vehicles to computers and robots. Launched on 1 February 2010, META-NET has already conducted various activities in its three lines of action META-VISION, META-SHARE and META-RESEARCH.

META-VISION fosters a dynamic and influential stakeholder community that unites around a shared vision and a common strategic research agenda (SRA). The main focus of this activity is to build a coherent and cohesive LT community in Europe by bringing together representatives from highly fragmented and diverse groups of stakeholders. The present White Paper was prepared together with volumes for 29 other languages. The shared technology vision was developed in three sectorial Vision Groups. The META Technology Council was established in order to discuss and to prepare the SRA based on the vision in close interaction with the entire LT community.

META-SHARE creates an open, distributed facility for exchanging and sharing resources. The peer-to-peer network of repositories will contain language data, tools and web services that are documented with high-quality metadata and organised in standardised categories. The resources can be readily accessed and uniformly searched. The available resources include free, open source materials as well as restricted, commercially available, fee-based items.

META-RESEARCH builds bridges to related technology fields. This activity seeks to leverage advances in other fields and to capitalise on innovative research that can benefit language technology. In particular, the action line focuses on conducting leading-edge research in machine translation, collecting data, preparing data sets and organising language resources for evaluation purposes; compiling inventories of tools and methods; and organising workshops and training events for members of the community.

office@meta-net.eu – http://www.meta-net.eu

ZOZNAM LITERATÚRY REFERENCES

[1] Aljoscha Burchardt, Markus Egg, Kathrin Eichler, Brigitte Krenn, Jörn Kreutel, Annette Leßmöllmann, Georg Rehm, Manfred Stede, Hans Uszkoreit, and Martin Volk. *Die Deutsche Sprache im Digitalen Zeitalter – The German Language in the Digital Age (Nemecký jazyk v digitálnom veku).* META-NET White Paper Series. Georg Rehm and Hans Uszkoreit (Series Editors). Springer, 2012.

[2] Directorate-General Information Society & Media of the European Commission (Generálne riaditeľstvo Európskej komisie pre informačnú spoločnosť a médiá). User Language Preferences Online (Preferencie jazyka používateľa), 2011. http://ec.europa.eu/public_opinion/flash/fl_313_en.pdf.

[3] European Commission (Európska komisia). Multilingvalizmus: an Asset for Europe and a Shared Commitment (Multilingvalizmus: Výhoda pre Európu, ale aj spoločný záväzok), 2008. http://ec.europa.eu/languages/pdf/comm2008_en.pdf.

[4] Directorate-General of the UNESCO (Generálne riaditeľstvo organizácie UNESCO). Intersectoral Mid-term Strategy on Languages and Multilingualism (Medzisektorová strednodobá stratégia pre jazyky a multilingvalizmus), 2007. http://unesdoc.unesco.org/images/0015/001503/150335e.pdf.

[5] Directorate-General for Translation of the European Commission (Generálne riaditeľstvo pre preklad). Size of the Language Industry in the EU (Veľkosť jazykového priemyslu v EÚ), 2009. http://ec.europa.eu/dgs/translation/publications/studies.

[6] Matej Považaj, Ján Kačala, and Mária Pisárčiková. *Krátky slovník slovenského jazyka (Short Dictionary of Slovak).* Veda, Bratislava, 2003.

[7] Klára Buzássyová and Alexandra Jarošová. *Slovník súčasného slovenského jazyka A – G (Dictionary of Contemporary Slovak A–G).* Veda, Bratislava, 2006.

[8] Klára Buzássyová and Alexandra Jarošová. *Slovník súčasného slovenského jazyka H – L (Dictionary of Contemporary Slovak H–L).* Veda, Bratislava, 2011.

[9] Mária Pisárčiková and Matej Považaj. *Synonymický slovník slovenčiny (Slovak Synonym Dictionary).* Veda, Bratislava, 2004.

[10] Ľubica Balážová, Ján Bosák, Jozef Genzor, Ivor Ripka, and Jana Skladaná. *Slovník cudzích slov – akademický (Dictionary of Foreign Words – Academic).* Slovenské pedagogické nakladateľstvo, Bratislava, 2005.

[11] Emil Páleš. *Sapfo – parafrázovač slovenčiny (Sapfo – a Paraphraser of Slovak)*. Veda, Bratislava, 1994.

[12] Miloslava Sokolová, Gustáv Moško, František Šimon, and Vladimír Benko. *Morfematický slovník slovenčiny (Slovak Dictionary of Morphemes)*. Náuka, Prešov, 1999.

[13] Miloslava Sokolová. *Nový deklinačný systém slovenčiny (New Declension System in Slovak)*. Filozofická fakulta Prešovskej univerzity v Prešove, Prešov, 2007.

[14] SK-NIC – správa Slovenských internetových domén najvyššej úrovne (SK-NIC – Slovak top level domain registry). Prevádzková správa systému SK-NIC za druhý polrok 2010 (1. 7. 2010 – 31. 12. 2010) (Operation Report of SK-NIC in the Second Half of 2010 (2010-07-01 – 2010-12-31)). https://www.sk-nic.sk/documents/pdf/2010-12-31_SK-NIC_PS.pdf.

[15] E@I. Slovak Online, 2011. http://www.slovake.eu.

[16] E@I. lernu!, 2011. http://www.lernu.net.

[17] Jana Pekarovičová, Ľudmila Žigová, and Michaela Mošaťová. *Vzdelávací program Slovenčina ako cudzí jazyk. Jazykový kurz v kontaktnej a dištančnej forme (Educational Programme Slovak as a Foreign Language. Language Course in Contact and Distance Learning)*. Stimul, Bratislava, 2007.

[18] Jana Pekarovičová, Ľudmila Žigová, and Michaela Mošaťová. Vzdelávací program Slovenčina ako cudzí jazyk Jazykový kurz v kontaktnej a dištančnej forme (Educational Programme Slovak as a Foreign Language. Language Course in Contact and Distance Learning), 2007. http://www.fphil.uniba.sk/fileadmin/user_upload/editors/sas/slavic/Vzdelavaci_program.pdf.

[19] Studia Academica Slovaca. Slovenčina ako cudzí jazyk (Slovak as a Foreign Language), 2007. http://www.e-slovak.sk.

[20] Mária Šimková. *Insight into Slovak and Czech Corpus Linguistics (Sondy do slovenskej a českej korpusovej lingvistiky)*. Veda, Bratislava, 2006.

[21] Mária Šimková. Slovak National Corpus – history and current situation (Slovenský národný korpus – história a súčasný stav). In *Insight into Slovak and Czech Corpus Linguistics (Sondy do slovenskej a českej korpusovej lingvistiky)*, pages 151–159, Bratislava, 2006. Veda.

[22] Slovenský národný korpus (Slovak National Corpus). SLOVKO. http://korpus.juls.savba.sk/~slovko.

[23] Slovenský národný korpus (Slovak National Corpus). Projekty – Projects. http://korpus.sk/projects.html.

[24] Slovenský národný korpus (Slovak National Corpus). Bibliografická a štýlovo-žánrová anotácia (Bibliographical, style and genre annotation). http://korpus.sk/bibstyle.html.

[25] Slovenský národný korpus (Slovak National Corpus). Morfologická anotácia textov Slovenského národného korpusu (Morfological annotation of texts in the Slovak National Corpus). http://korpus.sk/morpho.html.

[26] Slovenský národný korpus (Slovak National Corpus). Slovenský hovorený korpus (Corpus of Spoken Slovak), 2012. http://www.korpus.sk/shk.html.

[27] Slovenský národný korpus (Slovak National Corpus). Slovenská terminologická databáza (Slovak Terminology Database). http://data.juls.savba.sk/std/.

[28] Slovenský národný korpus (Slovak National Corpus). Rusko-slovenský paralelný korpus (Russian-Slovak Parallel Corpus). http://korpus.sk/parus/.

[29] Slovenský národný korpus (Slovak National Corpus). Francúzsko-slovenský paralelný korpus (French-Slovak Parallel Corpus). http://korpus.sk/frask/.

[30] Slovenský národný korpus (Slovak National Corpus). Slovensko-anglický paralelný korpus (Slovak-English Parallel Corpus). http://korpus.sk/sken.html.

[31] Slovenský národný korpus (Slovak National Corpus). Slovensko-český paralelný korpus (Slovak-Czech Parallel Corpus). http://korpus.sk/skcs.html.

[32] Slovenský národný korpus (Slovak National Corpus). Slovenské slovníky (Slovak dictionaries). http://slovniky.korpus.sk.

[33] Slovenský národný korpus (Slovak National Corpus). Lingvistické zdroje a slovníky (Linguistic resources and dictionaries). http://korpus.sk/dicts.html.

[34] Kai-Uwe Carstensen, Christian Ebert, Cornelia Ebert, Susanne Jekat, Hagen Langer, and Ralf Klabunde, editors. *Computerlinguistik und Sprachtechnologie: Eine Einführung (Úvod do počítačovej lingvistiky a jazykových technológií)*. Spektrum Akademischer Verlag, 2009.

[35] Daniel Jurafsky and James H. Martin. *Speech and Language Processing (Počítačové spracovanie reči a jazyka)*. Prentice Hall, 2nd edition, 2009.

[36] Christopher D. Manning and Hinrich Schütze. *Foundations of Statistical Natural Language Processing (Základy štatistického spracovania prirodzených jazykov)*. MIT Press, 1999.

[37] Language Technology World (Svet jazykových technológií). http://www.lt-world.org.

[38] Ronald Cole, Joseph Mariani, Hans Uszkoreit, Giovanni Battista Varile, Annie Zaenen, and Antonio Zampolli, editors. *Survey of the State of the Art in Human Language Technology (Prehľad o súčasnom stave jazykových technológií)*. Cambridge University Press, 1998.

[39] Jerrold H. Zar. Ecology and Evolution (Ekológia a evolúcia), 2011. http://www.bios.niu.edu/zar/zar.shtml.

[40] Juan Carlos Perez. Google Rolls out Semantic Search Capabilities (Google uvádza semántické vyhľadávanie), 2009. http://www.pcworld.com/businesscenter/article/161869/google_rolls_out_semantic_search_capabilities.html.

[41] Forma, s. r. o., 2012. http://www.forma.sk/.

[42] Fakulta informatiky a informačných technológií STU v Bratislave (Faculty of Informatics and Information Technologies STU in Bratislava). WIKT. http://conference.ui.sav.sk/wikt2010/.

[43] Fakulta informatiky a informačných technológií STU v Bratislave (Faculty of Informatics and Information Technologies STU in Bratislava). NAZOU. http://nazou.fiit.stuba.sk.

[44] Michal Laclavík, Marek Ciglan, Stanislav Krajči, Ladislav Hluchý, and Karol Furdík. Dostupné zdroje a výzvy pre počítačové spracovanie informačných zdrojov v slovenskom jazyku (Available Sources and Challenges for the Information Sources Processing in Slovak). In Michal Laclavík, Ivana Budinská, and Ladislav Hluchý, editors, *1st Workshop on Intelligent and Knowledge oriented Technologies – WIKT 2006 Proceedings*, pages 92–97, Bratislava, 2007.

[45] Štefan Dlugolinský, Michal Laclavík, and Martin Šeleng. Ontea: Pattern based Semantic Annotation Platform (Sémantická anotačná platforma založená na vzoroch). http://ontea.sourceforge.net/.

[46] Michal Laclavík, Marek Ciglan, Martin Šeleng, Stanislav Krajči, Peter Vojtek, and Ladislav Hluchý. Semi-automatic Semantic Annotation of Slovak Texts (Poloautomatická sémantická anotácia slovenských textov). In Jana Levická and Radovan Garabík, editors, *Computer treatment of Slavic and East European languages (Počítačové spracovanie slovanských a východoeurópskych jazykov)*, pages 126–138, Bratislava, 2007. Slovak National Corpus, Ľ. Štúr Institute of Linguistics Slovak Academy of Sciences.

[47] Michal Laclavík, Martin Šeleng, Marek Ciglan, and Ladislav Hluchý. Ontea: Platform for pattern based automated semantic annotation (Ontea: Platforma pre sémantickú anotáciu založenú na vzoroch). *Computing and informatics*, 28(4):555–579, 2009.

[48] Peter Vojtek and Vladimír Grlický. Identification of Natural Language using n-grams and Markov processes (Identifikácia prirodzeného jazyka s použitím techniky n-gramov a Markovových procesov). In Pavol Návrat et al., editor, *Tools for Acquisition, Organisation and Presenting of Information and Knowledge*, pages 154–161, Bratislava, 2006. Vydavateľstvo Slovenskej technickej univerzity.

[49] Stanislav Krajči and Róbert Novotný. Hľadanie základného tvaru slovenského slova na základe spoločného konca slov (Searching for the Base Form of Slovak Word according to Common Word Endings). In Michal Laclavík, Ivana Budinská, and Ladislav Hluchý, editors, *1st Workshop on Intelligent and Knowledge oriented Technologies – WIKT 2006 Proceedings*, Bratislava, 2007.

[50] Michal Laclavík. AIIA. http://aiia.ui.sav.sk/.

[51] Michal Laclavík, Martin Šeleng, Emil Gatial, Štefan Dlugolinský, Zoltán Balogh, Ladislav Hluchý, Eugen Jeckel, and Pavol Horváth. AIIA: adaptívna platforma na podporu interoperability v súkromnom a verejnom sektore (AIIA – Adaptive Platform for Interoperability Support in Private and Public Sector). In Pavel Smrž, editor, *Znalosti 2010: Sborník příspěvků 9. ročníku konference (Znalosti 2010: Proceedings of the 9th annual conference)*, pages 227–230, Praha, 2010. Vysoká škola technická v Praze.

[52] Štefan Dlugolinský, Michal Laclavík, and Ladislav Hluchý. Towards a search system for the Web exploiting spatial data of a web document (Vyhľadávací systém využívajúci priestorové dáta webového dokumentu). In Roland Wagner, editor, *DEXA 2010: Database and Expert Systems Applications*, pages 27–31, Los Alamitos, 2010. IEEE Computer Society.

[53] Philipp Koehn, Alexandra Birch, and Ralf Steinberger. 462 Machine Translation Systems for Europe (462 systémov strojového prekladu pre Európu). In *Proceedings of MT Summit XII*, 2009.

[54] Kishore Papineni, Salim Roukos, Todd Ward, and Wei-Jing Zhu. BLEU: A Method for Automatic Evaluation of Machine Translation (BLEU: Metóda automatického hodnotenia strojového prekladu). In *Proceedings of the 40th Annual Meeting of ACL*, Philadelphia, PA, 2002.

[55] Michal Laclavík. Vyhľadávanie informácií (Information retrieval). http://vi.ikt.ui.sav.sk/.

[56] Viviane Reding and Ján Figeľ. Human Language Technologies for Europe – Preface (Jazykové technológie pre Európu – Predslov). http://www.tcstar.org/pubblicazioni/D17_HLT_ENG.pdf).

[57] Georg Rehm and Hans Uszkoreit. Multilingual Europe: A challenge for language technologies (Multilingválna Európa: Výzva pre jazykové technológie). *MultiLingual*, 22(3):51–52, April/May 2011.

[58] Aljoscha Burchardt, Georg Rehm, and Felix Sasaki. The Future European Multilingual Information Society – Vision Paper for a Strategic Research Agenda (Budúca európska multilingválna informačná spoločnosť – vízia pre strategickú výskumnú agendu), 2011.
http://www.meta-net.eu/vision/reports/meta-net-vision-paper.pdf.

B

ČLENOVIA META-NET-U / META-NET MEMBERS

Belgicko	Belgium	Computational Linguistics and Psycholinguistics Research Centre, University of Antwerp: Walter Daelemans
		Centre for Proc. Speech and Images, University of Leuven: Dirk van Compernolle
Bulharsko	Bulgaria	Inst. for Bulgarian Language, Bulgarian Academy of Sciences: Svetla Koeva
Cyprus	Cyprus	Language Centre, School of Humanities: Jack Burston
Česká republika	Czech Republic	Inst. of Formal and Applied Linguistics, Charles University in Prague: Jan Hajič
Dánsko	Denmark	Centre for Language Technology, University of Copenhagen: Bolette Sandford Pedersen, Bente Maegaard
Estónsko	Estonia	Inst. of Computer Science, University of Tartu: Tiit Roosmaa, Kadri Vider
Fínsko	Finland	Computational Cognitive Systems Research Group, Aalto University: Timo Honkela
		Dept. of Modern Languages, University of Helsinki: Kimmo Koskenniemi, Krister Lindén
Francúzsko	France	Centre National de la Recherche Scientifique, Laboratoire d'Informatique pour la Mécanique et les Sciences de l'Ingénieur and Inst. for Multilingual and Multimedia Information: Joseph Mariani
		Evaluations and Language Resources Distribution Agency: Khalid Choukri
Grécko	Greece	R.C. "Athena", Inst. for Language and Speech Proc.: Stelios Piperidis
Holandsko	Netherlands	Utrecht Inst. of Linguistics, Utrecht University: Jan Odijk
		Computational Linguistics, University of Groningen: Gertjan van Noord
Chorvátsko	Croatia	Inst. of Linguistics, Faculty of Humanities and Social Science, University of Zagreb: Marko Tadić
Island	Iceland	School of Humanities, University of Iceland: Eiríkur Rögnvaldsson
Írsko	Ireland	School of Computing, Dublin City University: Josef van Genabith
Litva	Lithuania	Inst. of the Lithuanian Language: Jolanta Zabarskaitė
Lotyšsko	Latvia	Tilde: Andrejs Vasiļjevs
		Inst. of Mathematics and Computer Science, University of Latvia: Inguna Skadiņa
Luxembursko	Luxembourg	Arax Ltd.: Vartkes Goetcherian

Maďarsko	Hungary	Research Inst. for Linguistics, Hungarian Academy of Sciences: Tamás Váradi
		Dept. of Telecommunications and Media Informatics, Budapest University of Technology and Economics: Géza Németh, Gábor Olaszy
Malta	Malta	Dept. Intelligent Computer Systems, University of Malta: Mike Rosner
Nemecko	Germany	Language Technology Lab, DFKI: Hans Uszkoreit, Georg Rehm
		Human Language Technology and Pattern Recognition, RWTH Aachen University: Hermann Ney
		Dept. of Computational Linguistics, Saarland University: Manfred Pinkal
Nórsko	Norway	Dept. of Linguistic, University of Bergen: Koenraad De Smedt
		Dept. of Informatics, Language Technology Group, University of Oslo: Stephan Oepen
Poľsko	Poland	Inst. of Computer Science, Polish Academy of Sciences: Adam Przepiórkowski, Maciej Ogrodniczuk
		University of Łódź: Barbara Lewandowska-Tomaszczyk, Piotr Pęzik
		Dept. of Computer Linguistics and Artificial Intelligence, Adam Mickiewicz University: Zygmunt Vetulani
Portugalsko	Portugal	University of Lisbon: António Branco, Amália Mendes
		Spoken Language Systems Laboratory, Inst. for Systems Engineering and Computers: Isabel Trancoso
Rakúsko	Austria	Zentrum für Translationswissenschaft, Universität Wien: Gerhard Budin
Rumunsko	Romania	Research Inst. for Artificial Intelligence, Romanian Academy of Sciences: Dan Tufiș
		Faculty of Computer Science, University Alexandru Ioan Cuza of Iași: Dan Cristea
Slovensko	Slovakia	Ľudovít Štúr Inst. of Linguistics, Slovak Academy of Sciences: Radovan Garabík
Slovinsko	Slovenia	Jožef Stefan Inst.: Marko Grobelnik
Spojené kráľovstvo	UK	School of Computer Science, University of Manchester: Sophia Ananiadou
		Inst. for Language, Cognition and Computation, Center for Speech Technology Research, University of Edinburgh: Steve Renals
		Research Inst. of Informatics and Language Proc., University of Wolverhampton: Ruslan Mitkov
Srbsko	Serbia	University of Belgrade, Faculty of Mathematics: Duško Vitas, Cvetana Krstev, Ivan Obradović
		Pupin Institute: Sanja Vraneš
Španielsko	Spain	Barcelona Media: Toni Badia, Maite Melero
		Institut Universitari de Lingüística Aplicada, Universitat Pompeu Fabra: Núria Bel

		Aholab Signal Proc. Laboratory, University of the Basque Country: Inma Hernaez Rioja
		Center for Language and Speech Technologies and Applications, Universitat Politècnica de Catalunya: Asunción Moreno
		Dept. of Signal Proc. and Communications, University of Vigo: Carmen García Mateo
Švajčiarsko	Switzerland	Idiap Research Inst.: Hervé Bourlard
Švédsko	Sweden	Dept. of Swedish, University of Gothenburg: Lars Borin
Taliansko	Italy	Consiglio Nazionale delle Ricerche, Istituto di Linguistica Computazionale "Antonio Zampolli": Nicoletta Calzolari
		Human Language Technology Research Unit, Fondazione Bruno Kessler: Bernardo Magnini

Takmer 100 odborníkov na jazykové technológie – predstaviteľov krajín a jazykov META-NET-u – prediskutovalo a sformulovalo kľúčové východiská a odkazy série bielych kníh na stretnutí META-NET-u 21. a 22. októbra v Berlíne v Nemecku. — About 100 language technology experts – representatives of the countries and languages represented in META-NET – discussed and finalised the key results and messages of the White Paper Series at a META-NET meeting in Berlin, Germany, on October 21/22, 2011.

C

SÉRIA BIELYCH KNÍH META-NET-U / THE META-NET WHITE PAPER SERIES

angličtina	English	English
baskičtina	Basque	euskara
bulharčina	Bulgarian	български
čeština	Czech	čeština
dánčina	Danish	dansk
estónčina	Estonian	eesti
fínčina	Finnish	suomi
francúzština	French	français
galícijčina	Galician	galego
gréčtina	Greek	ελληνικά
holandčina	Dutch	Nederlands
chorvátčina	Croatian	hrvatski
islandčina	Icelandic	íslenska
írčina	Irish	Gaeilge
katalánčina	Catalan	català
litovčina	Lithuanian	lietuvių kalba
lotyština	Latvian	latviešu valoda
maďarčina	Hungarian	magyar
maltčina	Maltese	Malti
nemčina	German	Deutsch
nórčina (bokmål)	Norwegian Bokmål	bokmål
nórčina (nynorsk)	Norwegian Nynorsk	nynorsk
poľština	Polish	polski
portugalčina	Portuguese	português
rumunčina	Romanian	română
slovenčina	Slovak	slovenčina
slovinčina	Slovene	slovenščina
srbčina	Serbian	српски
španielčina	Spanish	español
švédčina	Swedish	svenska
taliančina	Italian	italiano

MIX
Papier aus verantwortungsvollen Quellen
Paper from responsible sources
FSC® C105338

If you have any concerns about our products,
you can contact us on
ProductSafety@springernature.com

In case Publisher is established outside the EU,
the EU authorized representative is:
Springer Nature Customer Service Center GmbH
Europaplatz 3, 69115 Heidelberg, Germany

Printed by Libri Plureos GmbH
in Hamburg, Germany